NF

ムハマド・ユヌス自伝

〔上〕

ムハマド・ユヌス&アラン・ジョリ
猪熊弘子訳

早川書房

7646

VERS UN MONDE SANS PAUVRETÉ

by

Muhammad Yunus

with Alan Jolis

Translated by

Hiroko Inokuma

Published 2015 in Japan by

HAYAKAWA PUBLISHING, INC.

This book is published in Japan by

direct arrangement with

the original publisher, ÉDITIONS JEAN-CLAUDE LATTÈS.

グラミンの物語を可能にしてくれた
すべての人々に本書を捧げる。

目次

下巻目次

ムハマド・ユヌス自伝

〔上〕

上）少年時代の私。

下）1965年、私は経済学の博士号を取得するため、フルブライト財団から奨学金をもらってアメリカに留学した。テネシー州のバンダービルト大学で、私は唯一のフルブライト留学生だった。

父はチッタゴンで宝石店を経営しながら、私たち９人の子どもを育て上げた。

父デュラ・ミア（中央）を囲んで集合したユヌス一家の面々。

グラミンのローンで牛を手に入れた女性。

米の脱穀をする女性たち。脱穀作業はグラミンの
借り手たちにとって最も一般的な仕事である。

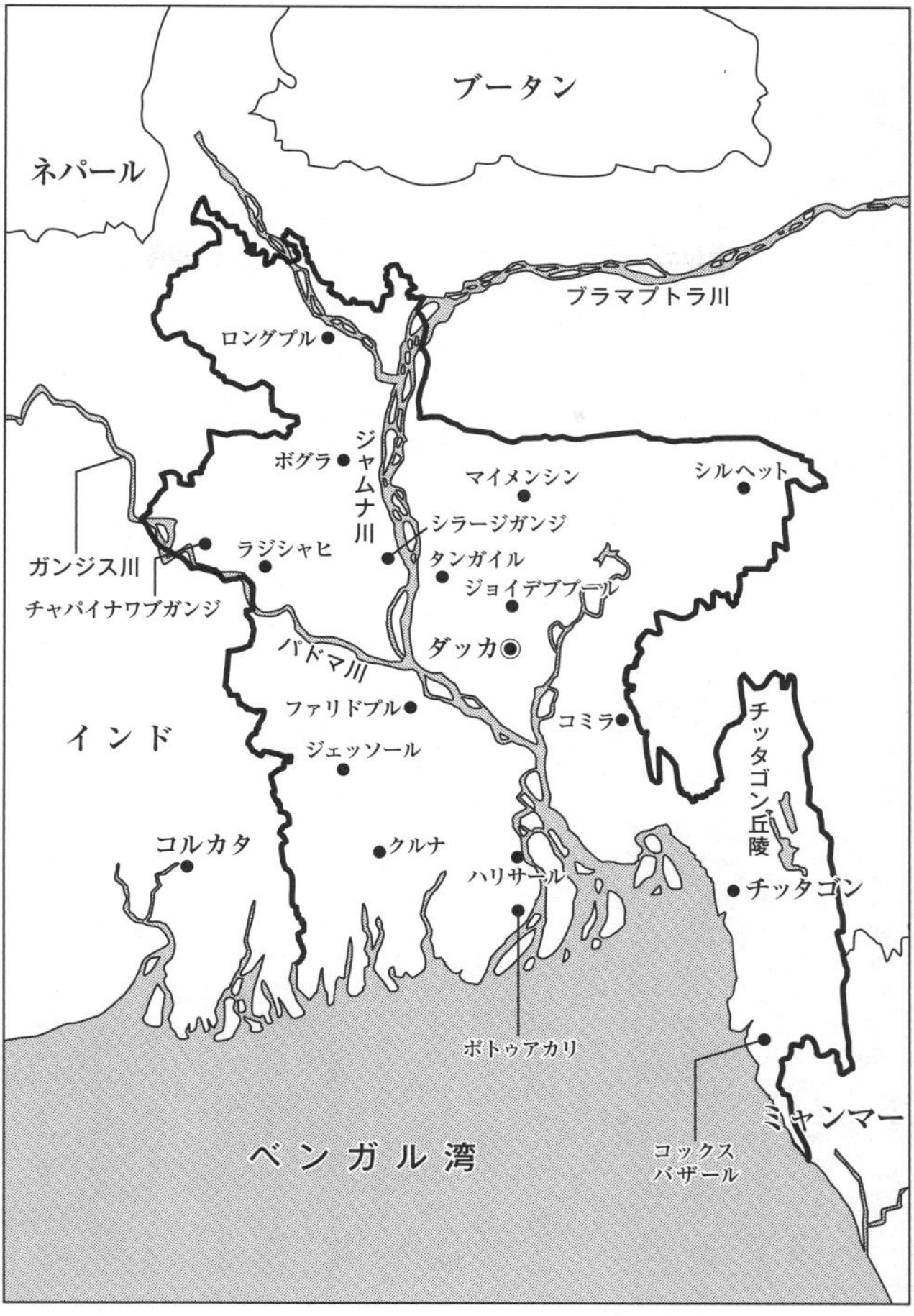
ブータン
ネパール
ブラマプトラ川
ロングプル
ボグラ
ジャムナ川
マイメンシン
シルヘット
シラージガンジ
ラジシャヒ
ガンジス川
チャパイナワブガンジ
タンガイル
ジョイデブプール
ダッカ
パドマ川
ファリドプル
コミラ
インド
ジェッソール
チッタゴン丘陵
コルカタ
クルナ
ハリサール
チッタゴン
ポトゥアカリ
ミャンマー
ベンガル湾
コックス
バザール

バングラデシュ

原出版社からの注記

　彼は地球上で最も貧しい国に住んでいる。独立以来、三〇〇億ドルもの外国からの援助を受け取っているというのに、バングラデシュはいまだに危機を脱していない。サイクロン、洪水、飢《き》饉《きん》などの自然災害が繰り返し起こるために、彼の祖国は荒廃している。一九七四年の飢饉では、数十万人もの人々が亡くなった。一九八八年の洪水では一〇〇万人が、一九九二年のサイクロンでは一五万人が家を失った。

　しかし、そういった災害はまだ、バングラデシュの構造的な貧困や栄養失調のひどさとは比べ物にならないものである。

　四〇％のバングラデシュ人は、毎日最低限の食事さえ満足にとることができないでいる。栄養失調のせいで、ここでは人々の平均身長や平均体重は低下しつつある。バングラデシュでは女性の寿命は男性よりも短い。これは異常な現象である。

九〇％の人は、読み書きができない。

ＷＨＯ（世界保健機関）は、バングラデシュの危険度を第二種から第三種に引き上げた。第三種というのは、マラリアなどの熱帯性伝染病にかかる危険が最も高いということである。危険を承知でこの国へ行こうという旅行客はごく少数しかおらず、しかもわざわざ来た人たちも長くは滞在しない。

バングラデシュは人口密度のきわめて高い国で――一平方キロメートル当たり八三〇人もの人が住んでいる――英国、フランス、アイルランドの全人口をドイツのバイエルン州にギュッと押し込んだのとほぼ同じ状態だ。そう言えば、この国で暮らすことがどのような気持ちなのかが分かるだろう。

きわめて多くの、それこそ多すぎる人々が、路上で暮らしている。家もなく、裸足で、清潔な水もなく、彼らを収容するシェルターもない。

だからといってバングラデシュは、世界の他の国々に救いの手を差しのべられるような国だとは考えられてもいない。たしかに、産業化に成功した西欧諸国とは当然違う。けれども、グラミン銀行があるおかげで、私たちは第三世界から第一世界へと向かうきわめて特異な技術移転を目撃しているのだ。移転しつつあるのは、地球上から貧困を根絶する方法に他ならない。

ユヌス教授は二〇年前に、あらゆる権利を奪われた人々にわずかな資金を貸しつけることによって、外国の援助が何十億ドルかけても成し得なかったことを実現できることを発見した。だが、この本は、ユヌス教授がどのように、なぜ、その発見をしたかを語るだけのものではない。

また、その国の人口の一〇％にあたる一二〇〇万人ものバングラデシュ人が、自分の力で貧困から脱出できるように、自助のための道具を与えている銀行の物語をしようというだけでもない。

世界中に急速に広まり、今や六〇カ国――中国、南アフリカ、フランス、ノルウェイ、カナダ、合衆国を含む――で、貧しい人々が責任感を持ち、自らの生活を自分でコントロールできるようにするうえで大きな成果を挙げている、マイクロクレジット革命についての物語だけでもない。

ここに描かれているのはヴィジョンである。私たちが生きている間に地球上から貧困を根絶し、社会の良心が勝利を収める未来を作り上げるためのヴィジョンだ。

ここに描かれているのは希望へのメッセージであり、貧困や飢えを博物館の中でしか見られないものにするためのプログラムである。いつの日か、博物館を訪れた私たちの子どもたちは、なぜそんなひどいことが長い間続くのが許されていたのかと私たちに質問するようになるだろう。

だから、私たちはユヌス教授の類まれなる理想を世に広めるためにこの本を出版できたことを、とても誇りに思っている。

J・C・ラテス

一九九七年七月一四日　パリ

序文

グラミンで働いた経験から、私は、人類の創造力に対する揺るぎない信念を抱くようになった。その信念からさらに発展して、私は、人間は悲惨な暮らしや飢えや貧困に苦しむために生まれてきたわけではないと信じるようになった。人々が今も昔も苦しんでいるのは、私たちがこの問題から目を背けてきたからなのだ。

望みさえすれば、貧困のない世界を作り上げることは可能だと、私は深く確信するようになった。これは偽善的な夢から生まれた結論ではない。グラミン銀行の活動を通して蓄積した経験から導かれた、具体的な根拠のある結論なのである。

マイクロクレジットだけでは、貧困を終わらせることはできない。クレジットは人々が貧困から抜け出すための一つの大きな出口にすぎないのである。もっと多くのドアや窓が――簡単に抜け出せる出口が――作られるべきである。それには、人間をさまざまに概念化することが必要だ。そして、その新しく概念化されたものと矛盾しないような、新しい組織の枠組みをデザインすることも必要なのである。

グラミンは私に二つのことを教えてくれた。一つめは、人間そのものや、人間が互いに与える影響力についての私たちの基礎的知識は、まだまだとても十分ではないということ。二つめは、各個人の存在がとても重要だということだ。一人ひとりがとてつもない可能性を秘めている。彼らはたとえ一人でも、同じ地域や同じ国に暮らす他の人々の生活に、時間を超えて影響を与えることができるのだ。

私たちはみなそれぞれ内側に何かを秘めている。それを探し求める機会が十分にないだけなのだ。自分の可能性を限界まで試すことができる環境を作り上げない限り、私たちが自分の内側にあるすべてのものに気づくことは決してないだろう。

しかし、どこへ行くかは一人ひとりの人間が責任をもって決定しなければならないことである。私たちはこの星の航海士や水先案内人のようなものだ。その自らの役割を真剣に考えるならば、私たちは前もって決めておいた目的地に向かって進むしかないのだ。

私がこの物語を伝えようと思った理由は、これがあなたにとって重要な意味を持つことを理解してほしいと思ったからである。もしあなたが、このグラミンの物語を読んで、信用できると思ったり、何か心を動かされるものがあると思ったなら、私はあなたを私たちの仲間に加わるように勧めたいと思う。貧困のない世界を作り上げられる可能性を信じ、そのために働く決意をしている、私たちの仲間になってほしい。あなたが革命的な人でも、リベラルな人でも、保守的でも、若くても、年をとっていてもかまわない。それでも私たちはきっと一つの問題に向けて、ともに働くことができるのだ。
どうか、そのことを心に留めておいてほしい。

グラミン銀行にて 一九九七年七月一〇日

ムハマド・ユヌス

第一部　はじまり（一九四〇年～一九七六年）

――ジョブラ村から世界銀行へ――

1　ジョブラ村にて——教科書から実践へ——

一九七四年。その年は、私の存在そのものを揺るがした年であった。その年、バングラデシュは大飢饉《ききん》に見舞われたのだ。

新聞には、北部の寒村を襲った飢饉と、人々の死についての恐ろしい記事が載《の》った。その当時、私が経済学部長として学生たちに教えていたチッタゴン大学はバングラデシュの最南東部にあるので、私たちは最初、その飢饉について、あまり気にとめていなかった。だが、首都ダッカの鉄道の駅やバス乗り場の周辺に、まるで骸骨のように痩《や》せ細った人たちが続々と集まってきていたのである。まもなく、その界隈でいくつかの死体が発見されたと報道された。飢餓にあえぐ人たちは、最初は水がしたたるごとくゆっくりと集まってきたのだが、やがて洪水のようにどっとダッカに押し寄せてきた。

飢えた人たちは、いたるところにあふれ返った。生きているのか死んでいるのかさえ、はっきり分からなかった。男も女も子どもたちも、みな同じような格好をしていた。年齢も見当がつかなかった。老人は子どものように見え、子どもは老人のように見えた。

政府は、飢えて都会に流入してきた人々を特定地域に集めておくために、炊出し所《スープ・キッチン》を設置した。しかし、どの炊出し所もすぐに収容限度を超えてしまった。新聞は政府の無策に警鐘を鳴らし、研究機関は飢えた人々についての情報を集めようとした。彼らは一体どこからやってくるのか？　もし彼らがこの飢餓を生きのびた場合、その後、再び元いた場所に戻るのだろうか？　彼らが生き残るチャンスがあるとすれば、それは何なのだろうか？

宗教団体は死体を集め、その宗教の葬儀のやり方にしたがって葬ろうとした。しかしそれもつかの間、ただ死体を集めるという作業でさえ、恐ろしく大変な作業となっていった。やがて死体は、手で直接つまみ上げられるようになった。

飢えて集まってきた人たちは、何かを訴えてスローガンを掲げているわけではなかった。彼らは何も要求しなかった。彼らは声も立てずに私たちの目の前に横たわり、私たちが美味しい物を食べていようと、私たちを責めることはなかった。

人の死に方にはいろいろあるが、とにかく飢え死にほど悲惨なものはない。じつに恐ろしい死に方だ。飢え死にはスローモーションで起こる。一秒一秒、生と死との間がどんどん小さくなっていくのだ。

生と死の境界というのはそれほど曖昧《あいまい》なものであり、違いを見出すことすら難しい。地面に倒れた母と子の姿が、この世の出来事なのか、それともあの世の出来事なのかも、誰にもよく分からなかった。死はそれほどすばやく、容赦なく、気づかれないうちにやってきた。

こういうことが起こった原因はただ一つ、多くの人々が、ほんの一つかみの食べ物すら食べることができなくなったからなのだ。この豊かな世界においても、彼らには、生きるのに必要な、ほんのわずかな食べ物を得る権利がなかった。世の中のほとんどすべての人が十分に食べているというのに、彼らはそうではない。小さな赤ん坊は、まだ世界のそんな不条理を十分に理解していないけれど、激しく泣いた。そして泣き疲れて、ほしがっていたミルクも飲めないまま、ついには眠りにつく。翌日には、泣く力すら失っていた。

私はかつて、学生たちに対して、経済理論とはあらゆるタイプの経済問題を解決してくれるものだと教えることに喜びを感じていたものだった。私は美しくてエレガントな理論に夢中になっていた。しかし突然、私は虚《むな》しい気持ちを抱くようになった。人々が目の前の歩道や玄関の前で飢え死にしているときに、エレガントな理論など、一体何の役に立つというのだろう？

そうしているうちに、教室という場所が、映画館のような娯楽施設にすぎないように思えてきた。映画の中では、最後には善人が勝つ。教室の中で、私はずっと、あらゆる経済問題はエレガントに解決することができると言い続けていた。ところが教室から一歩外に出たとたん、私は現実世界を目の当たりにしなければならなかった。そこでは善人も無慈悲に打ちのめされ、踏みつけにされていた。生活状況が日増しに悪化し、貧しい人々がますます貧しくなっていくのを目にした。彼らにとっては、飢えて死に至るのが、唯一の行き先のようであった。

彼らの現実の生活を反映している経済理論はどこにあるのだろうか？　なぜ私は学生たちに、経済学の名を騙《かた》った、架空の物語を語り続けなければならないのだろうか？

私は理論や教科書から逃げ出したくなった。象牙の塔からの逃亡者になろうとした。貧しい人々の本当の暮らしを理解し、近くにある村で毎日実際に使われるような、本当に生きた経済学を見つけたいと考えるようになった。その近くの村というのが、ジョブラ村だった。

ジョブラ村が大学から近くて幸運だった。それは奇しくも、のちにパキスタン大統領となったアユーブ・ハーン陸軍元帥のおかげだった（バングラデシュは一九七一年までパキスタンの一部で、ハーンは東パキスタンに対して激しい弾圧を行なった）。彼は一九五八年の軍事クーデターによって政権を掌握し、一九六九年まで独裁者として国を支配した人物である。彼は学生たちをトラブルのもとだと見なして激しく嫌悪し、すべての大学を都市から遠く離れた場所に移転させることを決定した。そうすれば、学生たちが政治的な煽動を行なって、人口の多い都市部を混乱させることはできないだろうと考えたのだ。

チッタゴン大学もまた、彼の政権時代に移転させられた大学の一つであった。新しいキャンパスはチッタゴン県の小高い丘陵地帯にあり、ジョブラ村の隣であった。

私は、もう一度学生になることを決意した。ジョブラ村が私の大学だ。そして村人たちが私の教授だった。

私はジョブラ村に関することは何でもやってみて、すべてを学ぼうと自分に誓った。たとえ一人でもいいから、貧しい人の本当の生活を知りたいと心から願った。それはきっと、本で学ぶという伝統的な学問の手法とは、大きく異なるものになるはずだった。大学では昔から、学生たちに世の中を俯瞰《ふかんてき》的に見るよう教えてきた。だが、その結果、学生たちと現実世界との間には、巨大なギャップが生じてしまっていた。手のひらで世界を抱えて、高い所から見下ろすような考え方をしていれば、誰でも尊大な気持ちになってしまうはずだ――そして、物事をはるか遠くから眺めている人間には、自分の見ているものがすべて、細部がぼんやりとかすんでいることにも気づかない。このような状況を打ち破るには、物事を想像だけで片づけるのをやめ、実際に自分の目で真実の姿を見なければならない。

私は自ら〝いも虫の眼〟と名づけたやり方を選んだ。物事を近い距離からはっきりと見て、それで理解するのである。何か行く手を阻むものがあっても、いも虫のようにそれをぐるりと避けて、目的地にたどり着けばいいのだ。

ダッカに流れ込むあまりにも多くの飢えた人々の姿を目の当たりにして、私は当初、何をしても無駄なのではないかという気持ちを抱いた。福祉団体は街のあちらこちらに食糧配給所を作った。近隣に住む人たちも、飢えた人々に食べ物を与えようと懸命の努力をした。しかし、それでもほとんどの人々が、毎日の食べ物を口にすることはできなかった。飢餓は醜い姿をさらけ出していた。

私は自分の役割を自らに言い聞かせることで、〝何をしても無駄だ〟という気持ちに打ち勝とうとした。私は自分に対して弁明した。自分はこんなにも多くの人々すべてに対して、いいことをしてあげられるわけではない。しかし、その日一日、たとえほんの数時間でも、自分を他の人のために役立てることはできる。それは私自身にとって素晴らしい仕事になるにちがいない。理論を振りかざすのではなく、少なくとも一人の生きている人間に対して、ごく小さなことであれ、心からの手助けをしてやろう。この考えは、私に大きな力を与えてくれた。私は生き返ったような気分になった。ジョブラ村の貧しい家庭を訪ね始めたことで、私には自分が何を、なぜ探しているのかが、はっきりと分かった。

私がジョブラ村の貧しい家庭を訪ね始めたのは、どうしたらそこに住む人たちに利益をもたらすことができるかを調べるためだった。ジョブラ村の家に行く時にはたいてい、同僚のラティフィー教授が同行してくれた。彼は村のほとんどの家族を知っていたし、村人を安心させることができるという、生まれながらの才能を持ち合わせていたからだ。

村は三つの地区に分かれていた。イスラム教徒の住む地区、ヒンドゥー教徒の住む地区、仏教徒の住む地区の三つである。仏教徒地区を訪ねる時には、学生の一人、ディパル・チャンドラ・バルーアを一緒に連れていった。彼はジョブラ村の貧しい仏教徒家庭の出身であり、どんな頼みでもボランティアで請け負ってくれた。

ある日、いつものようにジョブラ村を歩いていたラティフィーと私は、ある荒れ果てた家の前で立ち止まった。そこでは一人の女性が竹の椅子を編んでいた。その時の私たちは、彼女の家族が生きていこうとするのがどんなに難しいことなのか、知るよしもなかった。

「彼女と話がしたい」私はラティフィーに言った。

彼は餌をつついている鶏と、野菜の苗床《なえどこ》の合間の道を通って案内してくれた。「誰か家にいますか?」ラティフィーは親しみのある声で呼びかけた。

彼女は家の前の、朽ちかけた低い草葺《くさぶ》きの屋根の下に座り込んで、仕事に熱中していた。彼女は、つながった竹を手で編み込んでいる間、半分編み終えた椅子を膝の間にはさんだまま、縁側の汚れた床の上にしゃがみ込んでいた。彼女はそれぞれを適当な場所に編み込むために、竹を結ぼうとしていた。

ラティフィーの声を聞いて、彼女は突然やりかけの仕事を捨て、飛び上がるように家の中へと姿を消した。

「驚かないで」ラティフィーは言った。「見ず知らずの者ではありません。私たちはそこの大学で教えている者です。この近くに住んでいるんです。ちょっと聞きたいことがあっただけなんですよ」

ラティフィーの礼儀正しさと穏やかさに安心して、彼女は低い声で答えた。「家には誰もいません」

彼女の言う〝誰もいない〟という意味は、家には男性がいない、ということだった。バングラデシュでは、女性は近親者以外の男性とは話さないことになっている。子どもたちが裸で庭を駆け回っていた。近所の人たちが現われて、私たちを見た。ここで一体何をしているんだと怪しんでいるようだった。

ジョブラ村のイスラム地区では、竹の壁の向こう側から女性に話を聞くということもたびたびあった。既婚女性は外の社会から実質的に隔離された場所で暮らすというイスラム教の習慣〝パルダ〟(カーテンまたはヴェールという意味)が、チッタゴン地方では非常に厳格に守られていた。そのため、村の女性から話を聞くために、大学で教えている女子学生や地元の小中学校の女子生徒などに媒介者になってもらい、メッセージを携えてあちこち走り回ってもらわなければならないこともあった。私はチッタゴンの出身で、この地方の方言を話せたので、他の地域からやってきた人に比べれば、村の人々に信用してもらいやすかった。しかし、依然としてそれは難しいことではあった。

私は子どもが大好きだ。だから母親が子どもを抱いていたら、母親の気分をやわらげるためにも、ごく自然にその子どもを誉《ほ》める。私の母は一四人もの子どもを産んだ（そのうち九人がまだ生きている）。私はその中で三番目の子どもだったから、弟や妹たちに食べ物をやったり、おむつを換えながら育った。家の中で特別な用事もない時には、私はよく腕に赤ん坊を抱いていたものだ。こうした経験が、のちに私のフィールドワークにとっては、はかり知れないほど重要なものとなった。

いつものように私は裸の幼児を抱き上げた。ところが幼児は泣き始め、母親の方に走って行ってしまった。幼児は母親の腕にしがみついた。

「子どもは何人いるの？」ラティフィーは尋ねた。

「三人です」

「とても可愛らしい男の子だね。この子は」私は言った。

安心したのか、母親は子どもを抱いて、ドアの近くにやって来た。

彼女はまだ二〇代初めで、痩せており、日に焼けた肌と黒い瞳の持ち主だった。彼女は真っ赤なサリーを着ていた。彼女もまた、朝から晩まで働いても悲惨な極貧状態から抜け出せない、世界中の何万人もの女性のうちの一人なのであった。

「名前はなんていうの？」

「スフィア・ベーガム」

「年は？」

「二一」

私は村の人々を怯《おび》えさせてはいけないと思い、ペンもノートも持っていなかった。記録は帰ってから、学生にさせていた。

「これは、きみの竹なの？」私は彼女に尋ねた。

「はい」

「どうやって手に入れたの？」

「買ったんです」

「この竹は買うといくらなの？」

「五タカです」五タカはアメリカ・ドルに換算すると約一六セントになる。

「きみにはその五タカがあるの？」

「いいえ。〈パイカリ〉に借りるんです」

「仲買人だね？　彼らとは、どういう契約をしているの？」

「私は借金を返すために、その日のうちに竹の椅子をこしらえて、彼らに売らなければなりません。そうやって、私の手元に残ったものが、利益になります」

「椅子はいくらで売っているの？」

「五タカ五〇パイサです」

「じゃあ、五〇パイサが利益になるんだね？」

彼女はうなずいた。五〇パイサはアメリカ・ドルで一・六セントだ。

「つまり、現金を借りて、原料を買っているんだね？」

「そうです。でも、お金を貸してくれる人は、高い利子を請求してきます。だから、彼らのところで仕事を始めた人は、ますます貧乏になるんです」

「金貸しは、どれくらい利子を要求してくるの？」

「その時によります。一週間で一〇％の時もあります。近所の人で、一日一〇％払っている人も知っていますよ！」

「そうやって、こんな素晴らしい竹の椅子を作っても、たった五〇パイサにしかならない、というわけだね」

「そうです」

高利貸しは、第三世界ではごく一般的な職業で、社会的にも認められているので、借り手側も自分がいかに不当で厳しい契約を結ばされているのかを知らないのだ。バングラデシュの農村に住む農民たちは、毎年田植えのシーズンの初めに借りた米を、収穫の時期には二・五倍の量にして返さなければならない。

もし、土地を担保にした場合には、すべてがきっちり返済されるまで、その所有権は債権者の手に委《ゆだ》ねられることになる。多くの場合、〈バウナナマ〉と呼ばれる正式な契約書を作るのは債権者だ。返済をさらに困難なものとするために、債権者は借金の分割返済は決して認めない。そして、定められた期間が終了しても一括返済がなされない場合、債権者はその土地を前もって決めておいた「値段」で「買う」権利を得るのだ。

債権者の所有する土地で働く、という別の形の担保もある。これ以外にも、さまざまな契約の形がある。〈ダダン〉という先物買いの契約システムでは、商人たちは、まだ収穫前の作物を担保として融資を前払いする。そのかわり借り手は、あらかじめ決められた、明らかに市場のレートよりも低い値段でその作物を商人に売ることを強制される（スフィア・ベーガムは〈ダダン〉の下で、〈パイカリ〉と契約を結んで竹の椅子を作っていたというわけだ）。

借入金は社会的、あるいは投資の目的で行なわれることもあるが（結婚する娘の持参金を調達するため、役人を買収するため、裁判で争うため、冠婚葬祭のためなど）、その多くは生物的に生き残るためである（食べ物や薬を買うため、あるいは危機的状況に遭遇したため）。そして、借りた者にとって、借金の負担から解放されるのは、とてつもなく難しい。普通、借りた者は、ほんのわずかな借金を返しただけで、また再び借金をしなければならなくなる。そして結局、彼らがこの悪循環から解放されるための最後の手段は、死ぬことでしかない。

どんな社会にも高利貸しはいる。しかし、貧しい人々がそういった金貸しの囚われの身から自由にならない限り、どのような経済プログラムも、貧しい人々を社会的な孤立から救い出すことは不可能だろう。

スフィア・ベーガムは座って再び仕事を始めた。彼女はしゃべっているだけで時間を無駄に使いたくなかったのだ。私は彼女の日に焼けた小さな手が、細い竹を編んでいくのを見ていた。まるで、死ぬまでそうしているかのように見えた。これが彼女の生きる手段なのだ。彼女は汚れた泥の上に裸足でしゃがみ込んでいた。彼女の指にはたこができ、爪は汚れて真っ黒だった。

どうやったら、彼女の子どもたちは貧困の輪を断ち切り、よりよい暮らしをすることができるのだろうか？　ただ漠然と根拠もないままに、彼女の赤ん坊がいつかこの惨めな暮らしから脱却できるだろうと考えることなどできない。安心して暮らせる家やきちんとした服はおろか、食べ物を買うお金さえ十分に手に入れられない生活の中で、どうやって彼女の子どもたちは学校に行けるというのか？

「まる一日中働いて、きみが稼ぐのは、五〇パイサ？」

「はい。稼げる日には」

彼女は一日にたった二セント弱のお金しか稼げないのだ。そのことを知って、私は茫然《ぼうぜん》とした。大学の講義で、私は何万ドルもの金について論じてきた。ところが今、私の目の前では、わずか数セントの金をめぐって生きるか死ぬかの問題が起こっているのだ。何かが間違っている。なぜ私が教えた講義には、彼女の人生の真実が反映されなかったのだろうか？　私は自分に対して、そして目の行き届かない世界に対して、怒りを覚えた。かすかな希望の光さえ、どこにもない。問題解決の糸口さえ見えてこないのだ。

スフィア・ベーガムは読み書きができなかった。しかし、彼女はしっかり技術を身につけている。それが、彼女が生きているという確かな証しだった。彼女は私の前にしゃがみ込んで働き、呼吸をし、彼女らしいもの静かなやり方で、一生懸命努力している。こんな悲惨な状況にもかかわらず、彼女が確かに生まれつき役に立つ技術――生き残るための技術を持ち合わせている、ということは明らかだった。

貧困は、世界ができあがったのと同じくらい古くからあるものだ。スフィアには経済的な基盤を改善させるチャンスはない。しかし、それはなぜなのだ？　私には答えが分からなかった。私は大勢の貧しい人々に囲まれて成長してきた。それなのに、なぜ彼らが貧しいのかという疑問を抱くことはなかった。スフィアは永遠に、わずか一セントのお金も貯められないほど低い収入のままであり、経済基盤を拡充するために投資をすることなど決してできないのだ。私にとっては素晴らしいものに思える経済システムが、彼女の貧困状態を不変のものにしてしまっているように思えた。そして彼女や彼女の両親がそうしてきたように、彼女の子どもたちまでもが、ひどく貧乏で、その日暮らしのサバイバルをすることを運命づけられているのだ。

私はそれまで、わずか一六セントの金がなくて苦しんでいるなどという人の話を聞いたことがなかった。そんなことは現実に起こりえるはずもなく、非常識なことのように思えた。私はポケットに手を入れて小銭をさぐり、スフィアが資本としてほしがっている、わずかな生活費を握らせてやるべきだったのだろうか？　とても無邪気で、簡単なやり方には違いないのだが。

私の大学だけでなく、世界中の大学の経済学部の連中は、なぜこういうことに対して何もしてやれないのだろうか？　世界に何千人といるインテリの経済学の教授たちは、なぜそのことを理解せず、最も助けを必要としている人たちに手を差し伸べないのであろうか？

私はスフィアが必要としている金を、彼女に与えてしまおうという衝動に耐えた。彼女は私に慈悲など求めてはいないのだ。そしてまた、そんなことをしても、永遠の原理に基づいたその問題を解決することはできないのだ。

あたりでは男たちが働いていた。ある者は畑に出て、ある者はリキシャ（人力車）を修理し、ある者は鉄を打っていた。バングラデシュの農村での仕事というのは、全く終わりがない。私は身体の機敏さと強さに関しては、仲間のベンガル人にはかなわない。

ラティフィーと私は、私の家のある丘に向かって車を走らせた。それから、むっとする暑さの残る夕方の庭を歩いた。私は健康のために、家のある丘を散歩することにしている。私は昔から扁平足で、スポーツマンでもなかったから、肉体的にはそれほど丈夫でない。早くから泳ぎを習ったけれど、それは決して楽しいものではなかった。医者が勧めるようなエクササイズは十分にしていない。そのかわり、私はどこへ行くにしても、できるだけ歩くことにしているのだ。友人たちはいつでも、もっと自分の身体に気をつかえと繰り返し忠告してくれるのだが、本当のことを言うと、私には自分の健康を気にかける時間も意思もないのだ。

私は政府が掲げる大げさなスローガンと、現実世界との間のギャップが、なんと大きいのだろうかと考えていた。世界人権宣言には、このように謳《うた》われている。

あらゆる人々に、家族と一緒に、健康で幸福な生活水準を保つ権利がある。食事、衣服、家、医療、必要な公共サービスが、そこに含まれる。失業、病気、心身障害、死別、老齢、またはその他の不可抗力によって生計を欠く状態になった場合にも、その権利は保護される。

この宣言は各国政府に対して、これらの権利の「認識と遵守《じゅんしゅ》」を強く求めている。

私には、貧困が、あらゆる人間の権利を無効にしてしまう社会状況を作り出しているように思えた。政府がどんな書類にサインしようとも、どんなに立派な宣言をしようとも、貧しい人々には何の権利もないのが現実なのだ。

私はスフィアが抱える問題を検討してみようとした。私がいも虫だったらと想像した。そして、目の前にある障害物を乗り越えていかなければならないとしよう。どうやって、竹のコストという問題を避けて通ろうか？　回り道をしていくのだろうか？　それとも壁を登っていくのだろうか？　割れ目を見つけてそこから中を通っていくのだろうか？

私には、スフィアの抱える問題を解決することはできなかった。そこで単純に、なぜ彼女が苦しんでいるのかを理解してみようとした。彼女は、竹の値段が五タカだから苦しんでいる。彼女は十分な現金を持ち合わせていない。彼女の暮らしは悲惨なものだ。なぜかといえば、決められた輪の中で生きていくしかないからだ――商人から金を借り、商人に作ったものを売る。彼女には、その輪を破ることができないのだ。そう考えれば、単純なことだった。私が彼女に五タカを貸してやればいい。

そうすれば彼女は商人から借金をしなくても材料の竹を買えるようになるし、作ったものを商人に売る必要もなくなる。つまり、奴隷のような状態から自由になれるのだ。商人がスフィアに材料のコストを含めた金額を支払わないからこそ、これまでスフィアは金を借り続けていたのだから。

もし、どこかから自由に使える五タカを手に入れることができなければ、奴隷のようなスフィアの地位は、永遠に変わることはないように思えた。だが、「信用（クレジット）」が認められさえすれば、彼女はその金を借りることができる。そして、彼女は自分が作ったものに今よりも高い値段をつけて自由市場で売ることができ、もっと大きな利益を手に入れられるようになるはずだった。

翌日、私はマイムナを呼んだ。彼女は大学生で、私のためにデータを集めてくれていた。私は彼女にリストを作ってくれるように頼んだ。ジョブラ村では、スフィアのように、商人から金を借りているために、本来彼らの労働の報酬として得るべき金を失っている人間が何人いるのか、というリストだ。

一週間もしないうちに、そのリストができあがった。四二世帯の人々が、合計で八五六タカ借りていた。アメリカ・ドルにすると二七ドルにも満たない。

「神よ、神よ、この四二世帯の家族が悲惨な暮らしをしていたのは、すべてこの二七ドルがなかったせいなのです！」私は叫んだ。

マイムナは言葉もなく、そこに立ち尽くしていた。私たちはともに愕然《がくぜん》とし、ショックを受けていた。しかし同時に、その哀れみの原因すべてにもうんざりしていた。

私はこの問題を放ってはおけなかった。私はこの四二世帯の、十分な能力を持ちながら重労働を強制されている人々を助けたいと思った。私はこの問題をずっと考え続けていたが、解決策は見出せないでいた。まるで骨をくわえて振り回している犬のようだった。もし、私が彼らに二七ドルを貸せば、彼らはそれを元手として作ったものを誰かに売るだろう。そうすれば彼らは、自らの労働で稼げるはずのものに対してより高い見返りを望むようになり、高利で金を貸す商人や金貸しには縛られなくなるだろう。

私が彼らに二七ドルを貸そう。余裕ができたらいつでも私に返済すればいい。

スフィアには資金が必要だ。彼女にはしばしば起こる逆境を乗り切るための、まさかのときのための蓄えがないのだ。彼女は家族の借金を払ったり、編んだ竹椅子を運んでもらったり、ひどい災害時にも生き残れるように、蓄えを必要としていた。

あいにく、貧しい人たちの求めに応じて、信用貸しをしてくれるような公的金融機関はなかった。バングラデシュの金融市場は、公的機関がデフォルト（債務不履行）を起こしていたためほとんど機能を失っていて、それゆえ人々は地方の金貸しに借金をするしかなかったのだ。こうして非常に多くの人々が、貧困へと向かう一方通行の道を歩まざるを得ない状況に追いやられていた。

人々は愚かで怠惰《たいだ》だったから貧しくなったのではない。彼らは一日中働き、つらい肉体労働をこなしていた。ただ、国全体の経済構造が、彼らのような人たちの経済基盤を拡大するのを助けるように作られていなかったために貧しくなったのだ。全く構造的な問題であって、個人の問題ではなかったのだ。

私はマイムナに二七ドルを渡して言った。「さあ、この金をリストにある四二世帯に貸してきなさい。これがあれば商人に借りている金を返して、作ったものをどこでも自由に、もっと高く売れる場所で売れるようになるのだ」

「いつまでに、先生にお返しすればいいのですか？」

「いつでも、払えるようになったらでいいよ」と私は言った。「彼らが作ったものを売って、利益が上がってからでいいんだ。彼らは他には何も気にしなくてもよくなる。私はマネー・ビジネスの世界に生きてるわけじゃないからね」

マイムナは、そう言われて途方にくれてしまったようだった。

私はいつでも頭を枕にのせれば、あっと言う間に眠りに落ちてしまう。ところがこの夜、私は後悔の気持ちを抱いたまま、ベッドで眠れずにいた。自分も、四二世帯もの頑健で、重労働をし、技術を持った人々が自立して生きていくために必要な、たった二七ドルを与えることのできない、このひどい社会の一部にすぎないのではないだろうかと恥ずかしく思ったからだ。

翌週の終わり頃、私は、自分がしたことは単なる個人的で感情的な解決法にすぎず、十分ではなかったと気づき、打ちのめされた気分になった。私はただ単純に二七ドルを貸しただけだ。しかし、私が本当にするべきだったのは、制度的な解決法を見つけることではなかったのだろうか？ 資金を求める人間なら誰でも、より手軽に融資を受けられる組織を作ることこそ必要なのだ――しつこく追いかけ回す経済学部長なんかより、ずっと簡単にお金を貸してくれるところがあればいいのだ。私は自分のこれまでの考えが、その場しのぎで感情的なものだったことを悟った。そして、貧しい人々が頼れるような制度を作るための働きかけを始めようと決意した。

もし貧しい人々が、私に会いたいと思って大学へ訪ねてきても、丘の上の学部長のオフィスまでたどり着くことができないのが現実だった。首都での会合に参加するために私がしばしばキャンパスを留守にするからだけではなく、構内を警備している警備員たちが、そうした貧しい人が正門を通るのを許可しないからだ。警備員たちは彼らが何かを奪ったり盗んだりするために大学へやってきたと考えるだろう。

何かをしなければいけない。しかし、一体何を？

私は地方の銀行の支配人のもとへ行き、貧しい人々に金を貸してくれるようにと頼んでみることにした。必要な制度は、何も持っていない人々に金を貸すことなのだ。とても単純で、正直な制度であるように思われた。

これが、これからお話しする全ての始まりである。私は金貸しになろうと思ったのではは決してない。私の本来の意図は誰かに金を貸すことにあったのではない――私が本当にしたかったのはただ一つ、目の前にある問題を解決することであった。

私は今日でも、自分自身と、自分がグラミンの仲間たちと一緒にしてきた仕事のすべては、この目の前にある問題を解決するために捧げられたものだと見なしている。その問題とは、人類のあらゆる努力を汚し、侮辱するもの――貧困である。

2　世界銀行との関係

長い道のりだった。一九七六年、四二世帯に二七ドルを貸したところから始まった私たちの活動は、一九九八年には二三〇万世帯に二三億ドルを貸すまでになった。一九九七年にはマイクロクレジット・サミットが開かれ、二〇〇五年までに一億世帯に手をさしのべられるよう、世界規模のキャンペーンをすることが宣言された。グラミン・プログラムは世界中に広がった。エクアドルからエリトリアに、北極圏のロフォーテン諸島から南半球のパプアニューギニアへ、シカゴ市内のスラム街からネパールの人里離れた山岳地帯の集落へと。

一九九三年一一月、これはグラミン銀行にとって特に重要な月となった。というのも、この月、私たちのアイディアを初めて、世界の資金提供国が集う神聖な場所の内側に持ち込むことができたからである。世界銀行の本部があるワシントンでは、世界飢餓会議が開かれていた。当時の世界銀行総裁ルイス・プレストンが、そこで演説をするようにと、私を招待してくれたのである。演壇に向かうために立ち上がった時、生きるために日々闘っている女性たちの姿が、私の心に浮かび上がった。

私は間をとり、感慨にふけって聴衆を見渡した。私は今、世界経済の中心であるこの地で、自分たちの経験や方法論を引き合いに出しながら、世界銀行の興味をかき立てるような演説をしようとしている。だが聴衆の中に、私のオフィスからダッカのミルプール地区のスラムを見渡した時の情景を想像できる人など、果たしているのだろうか？

世界銀行とグラミン銀行は何年も前から意見を闘わせ、幾度となく対立を繰り返してきたので、二つの組織の関係を「スパーリング相手《パートナー》」と呼ぶ人もいたほどだ。世界銀行の組織の中にも、マイクロクレジットについて深く理解してくれている人も何人かはいた。しかし、私たちのやり方は、彼らのやり方とは違ってかなりラジカルなものだったので、理解してくれている人でも、私たちを支援したり、求めに応えたりすることはできなかったのだ。何年間にもわたって、グラミンは多大な時間とエネルギーを、世界銀行との闘いに費やしてきた。

聴衆を見渡しながら、私は一九八六年の世界食糧デーのテレビ会議のことを思い出していた。私はそのテレビ会議に、アメリカ世界食糧デー委員会のナショナル・コーディネーターであったパトリシア・ヤングに招かれて、当時の世界銀行総裁バーバー・コナブルとともにパネリストとして参加した。私にはテレビ会議というのがどういうものなのか見当もつかなかったのだが、それに参加すれば、クレジットを人間の権利として認めるべきだと私たちが考える理由について、また、クレジットが世界から飢餓をなくすためにどれほど重要な役割をするかについて、説明する機会が与えられそうだと思い、その招待を受けることにしたのである。

テレビ会議の席上で、私は声を荒らげて、世界銀行の総裁と激論を闘わせることになってしまった。そんなつもりは全くなかったのだが、コナブル総裁が私を、そうせざるを得ない立場に追い込んだのである。彼は会議のなかで、世界銀行はバングラデシュのグラミン銀行に資金援助している、と言った。私はこの間違った情報を訂正しなければならないと思った。そして、世界銀行からの援助は受けていないと、丁寧《ていねい》な口調で訂正した。ところが、彼は私の言葉など気にもとめなかった。ほんの数分後、またもやコナブル総裁は、世界銀行がグラミンを援助していると発言した。この時、私は彼の発言を断固として否定した。いくつかの理由から、コナブルはこの抗議を無視した。そして、世界銀行がグラミン銀行に資金援助をしていると、ついに三回も繰り返したのだ。衛星中継で見ている全世界の視聴者にも、真実をはっきり伝えなければならない、と私は思った。そうでなければ私は嘘つきになってしまう。そこで私は説明した。「私たちグラミン銀行の者は、これまで一度たりとも世界銀行から資金を受け取ったことはありません。私たちは彼らが指導するビジネスのやり方は好きではないのです。世界銀行は資金を出したり、専門家やコンサルタントを派遣することを通じて、結局そのプロジェクトを実質的に乗っ取ってしまうのです。世界銀行から来た人々は、自分たちのやり方でしかプロジェクトを進めようとしません。しかし、後からやってきて私たちが作り上げたシステムに干渉したり、彼らのやり方に従うように命令してくるような人など、私たちには必要ないのです」

事実、この年、グラミンは世界銀行からの二億ドルのソフトローン（条件の緩やかな貸付。ときにIDA＝国際開発協会の貸付を指すこともある）の申し出を断わっていたのである。

コナブル総裁が私を闘いのリングの上に招いたのだから、今度は私が彼を別な問題で叩く番だった。彼は視聴者に対して言った。世界銀行はつねに世界で最も優秀な頭脳を採用している。だからこそ世界銀行は問題解決のための最良の方法をとれるのだ、と。私は、その意見をそのままコメントすることなくやりすごすことはできなかった。そこで、こう発言した。

「優れた専門家を雇っているからといって、特に貧しい人々を助けるための方針や方法をとれるとは限りません。その、世界で最も優秀な頭脳の持ち主とやらが雲の上の人で、実際の地上での生活について何も理解していなかったとしたら、何の意味があるというのでしょう？　世界銀行は、貧しい人々や彼らの生活について理解している人々を雇うべきです。そういう理解こそが、世界銀行をもっと役立つ組織にするんじゃないでしょうか。最高の学術機関で学んだ、最高級の位置にいる人々が働いている今より、ずっとよくなるはずです」

私は資金提供国の、貧しい人々に対する援助のやり方を不愉快だと思っていた。私の経験から一例を挙げてみよう。フィリピンのネグロス島のダンガノン計画である。この計画は、子どもの半数以上が栄養不良の状態に置かれているネグロス島の貧困と闘うために、一人の社会活動家が一九八八年にスタートさせたものである。一九九三年、この島でグラミン方式のマイクロクレジット・プログラムを実施して成功を収めつつあったセシル・デル・カスティーロ博士は、計画をさらに進めるために、ＩＦＡＤ（国際農業開発基金）に緊急の資金援助を求めた。彼女は当時まだ、援助ビジネスにかかわる国際コンサルタントがどんな人々で、どんな仕事の進め方をするものかを全く知らなかった。国際農業開発基金はローマに本部を置く国連の組織で、農村の貧しい人々を助けるために設立されたものだ。カスティーロ博士の援助要請に応じて、さっそく彼女のプランを調査するため、使節団が四回にわたって送り込まれた。航空券や専門家への謝礼などに数千ドルが費やされた。だが結局、ダンガノン計画は一セントの資金も受け取ることはなかったのだ。

しかしそれでも、この一件がきっかけとなって、一九九六年にフィリピン政府、アジア開発銀行、国際農業開発基金の間での合意が成立し、アジア開発銀行と国際農業開発基金は、フィリピン国内のマイクロクレジット・プログラムを援助するために合計三七〇〇万ドルをフィリピン政府に融資することになった。だが、複雑なお役所仕事のために、今日、一九九八年三月の時点でも、その資金はネグロス島のカスティーロ博士たちのもとに届いていない。言い換えれば、五年の歳月と何百万ドルという資金が専門家による問題点の見直しのために費やされただけで、ネグロス島の貧しい人々は今にいたるまで、彼らが求めるマイクロクレジットのための資金を手に入れられないでいるのである。

私は考え込まざるを得なかった。もしネグロス島のプロジェクトが、国際農業開発基金の調査使節団の一回分の資金でも受け取っていれば、数百もの貧しい家族にマイクロクレジットの手を差し伸べることができたはずなのだ。

本来、コンサルタント業は尊敬すべきビジネスだと思う。しかし、資金提供国の援助を受けて成り立っている貧しい国では、コンサルタントは、もはや元々の意味を失い、やっかいなだけの存在に変わってしまっているのが実情だ。私たちはみな、第三世界の国々がどれだけ資金援助国に頼っているかをよく知っている。

コンサルタントは、大量の書類を作成することだけは得意だ――美しい装丁をほどこし、立派な印刷をしてくる。実際には、そういった書類の見栄えなど誰も問題にしないのに。ますます多くの国際コンサルタントが、海外援助ビジネスから毎日相当の売上を得るようになっている。そして、資金を提供する側の決定を、より強く人々の印象に残る形でアピールする技能を持った人間ほど、最高のコンサルタントだと言われている。

コンサルタントがあなたのもとを訪れたとき、彼らはあなたの話に耳を傾けるふりをすることだろう。しかし彼らは、資金を受け取る側がどのような援助を求めているかなど、少しも気にかけてはいない。どのような援助が行なわれるかは、彼らを雇った資金援助国の政府機関によって、もうすでにすっかり決定されてしまっているのだから。彼らは、再び確実に雇ってもらえるように、決められた枠組みの中で動き回っているにすぎないのだ。

もう一つ、私がコンサルタントに対して不満を持っている理由は、私たちの元によくやってくるコンサルタントというのが、まるで、それまで一度もフットボールをやったことがなかったり、試合すらも見たことがないのに、フットボールのコーチをやっているような人だったからだ。やったことがあるものの中でフットボールに一番近いのはバレーボールだ、というような人だ。

コンサルタント・ビジネスの成長にともない、資金提供国の政府機関が間違った方向に導かれるという問題が深刻になってきた。コンサルタントは、援助を受ける国には自力でプロジェクト計画を立て、準備をし、実行する能力がなく、こうしたすべての段階で、いちいち彼らの指導を受ける必要があると思い込んでいる。それゆえ資金提供国とその国に雇われたコンサルタントたちは、資金受取国に対して傲慢《ごうまん》な態度をとりがちなのである。

コンサルタントが資金受取国にもたらすもう一つの弊害《へいがい》は、受取国の人々が、自分の国について考えたり、国家を導こうとする意欲を麻痺《まひ》させてしまう点だ。今や受取国の官僚や学者たちは、自分の国について、コンサルタントが作成した資金提供国側の書類での記述を信じるようになっている。その結果、彼らは現実に即した考え方や努力をしなくなってしまうのだ。

資金を提供する側の政府が、会計年度ごとに特定の国々に対して目標額を使うようにと、大きなプレッシャーを受けているのを私は知っている。こうした状況に乗じて、料金がきわめて高いコンサルタントたちは自分の専門技能をアピールし、仕事を獲得するのだ。一方、受取国側の人間としても、コンサルタントに細かな部分まで任せられるのは大いに好都合なのである。彼らは自分たちが最終的に受け取る金額がいくらになるのかという点にしか関心がない。契約が結ばれ、プロジェクトが開始されると、今度は本当の問題が表面化してくる。しかし、そこにいる誰も、コンサルタントを非難しようとはしない。コンサルタントはかなりの額にのぼるプロジェクト資金を使い、そこに関わる人々の運命を翻弄《ほんろう》した挙げ句に、すべての非難を受取国の肩の上に押しつけてくるのだ。

一九八四年、グラミンは世界銀行に対して、ビジネスのやり方に関して命令を受けないとはっきり通告した。世界銀行は私たちと共同でビジネスを展開することをあきらめ、バングラデシュに独自のマイクロクレジット組織を作ることを決めた。私たちがマイクロクレジット・プログラムでやってきたことと、バングラデシュで成功した非クレジットの非営利団体のやり方を融合させた形でだ。そのアイディアは全く非現実的だと私は思い、こう言ってやった。「もし、あなたに馬のようなスピードと、ライオンの威厳と、虎の勇気と、鹿の優雅さがあったなら、論理的にはあなたは素晴らしい動物のはずだ。しかし、そんなにうまくいくことは決してない」と。

私はなぜバングラデシュ政府が、私たちの意見を受け入れて世界銀行の指導を拒絶したのか、その詳細をここで論じるつもりはない。しかし、興味深いのは、世界銀行の役人たちが私たちとの交渉から何も学ばなかった、という事実である。バングラデシュ政府にそのプロジェクト計画を拒絶された彼らは、計画書から「バングラデシュ」という国名を消して、それをそっくりそのままスリランカ政府に差し出したのである。

国際的な資金援助組織には分配すべきたくさんの資金があり、こうした組織に属する役人たちには、それぞれの国に対して融資しなければならない援助目標額がある。より多くの資金を受取国に与えることができれば、それだけローン担当者としての階級が上がるのだ。

もし、あなたが資金供給国の若くて意欲に燃えた役人で、より早く昇進したいと望んでいたならば、あなたは当然、最も高い値札がついているプロジェクトを選ぶだろう。こうしたプロジェクトを一つでも契約させることができれば、あなたは巨額の資金を動かすことができ、あなたの名前は昇進の階段を一気に駆け上がることだろう。

バングラデシュでの仕事を通して、私は資金供給国の官僚たちが、これまでにない規模の資金援助を受け入れてもらおうと死に物狂いになる姿を見てきた。彼らは目標を達成するためには何でもした。彼らは資金受取国の官僚や政治家を、直接に、あるいは隠れて「買収」するのだ。政府高官が所有する新しい家をプロジェクトの事務所として高額の賃料で借りる、などというのはごくありふれた例だ。研究会という名目で海外旅行をアレンジしたり、役人たちが訪れてみたいと思っている街で会議を開くことも広く行なわれている。会議や研究会をまず第一にやりたい人間など誰もおらず、資金提供者たちは現地政府の役人を喜ばせるためだけに、旅行や接待にお金を使うのだ。

あるとき、国際的な資金援助機構からきた一人の役人が、バングラデシュの官僚について、こう不平を漏らしてきた。彼は一億ドルの巨大プロジェクトを進めようとしていたのだが、あまり乗り気でない当局者の認可を得るために、地元の役人が行なう意味のないプロジェクトに五万ドルの融資をしなければならなかったというのだ（彼がバングラデシュ政府に認可してほしいと切実に願っている巨大プロジェクトでさえも、私は意味がないものだと考えている）。

私は彼が融資を認めた五万ドルのプロジェクトの詳細を聞いてショックを受けた。私は叫んだ。「きみは、その金が、ただ政府の役人の旧友たちのポケットに入るだけだということを、よく知ってるはずじゃないか」

資金援助機構の役人は言った。「私がそんなことを知っていると思わないでくれ。しかし、これは彼に私のプロジェクトを認可してもらうために、私が払うことのできる金額なのだ」

「彼を買収したっていう意味か！」私は言った。嫌気がさした。

「まあ、私はそうは思っていないよ。これは全ての審査機構をちゃんと通ってきた、合法のプロジェクトなんだから。もっとも、私にはその審査機構を押し通すことができることは分かっているがね」

この場合、〝賄賂〟として贈られたのは、国際的な援助機構の金なのだ。そして、もっと悪いことに、利子をつけてその金を返さなければならないのは、バングラデシュの国民なのだ。

コンサルタントや資金供給国、そのプロジェクトを請け負う可能性の高い業者などが、こうした収賄構造を作る手助けをしているケースがある。結局、彼らこそが資金提供国から金を受け取る、そのプロジェクトの一番の受益者となるのだ。ある調査機関の試算によれば、バングラデシュが外国から受けた資金援助は過去二六年間で三〇〇億ドル以上にのぼるが、その七五%は、現金の形ではバングラデシュに届いていないという。それらは機械類や日用品、必需品などに形を変える一方で、コンサルタントや請負業者、アドバイザー、専門家などへの支払いに使われていた。いくつかの金持ちの国は、海外援助のための予算を、自国の人々の雇用や、自国製品を売るために使っている。そして、実際に現金としてバングラデシュに届いた残りの二五％は、地方の製造業者や請負業者、コンサルタント、専門家などほんの一握りのエリートたちの手に渡ってしまった。その大部分は、わが国の経済や働き手のためにはちっともならない、外国製の消費財を買うのに使われている。さらに、こうして提供された資金のうち、かなりの額が、プロジェクトの契約書にサインさせるための賄賂として、官僚や政治家の懐に入っていると広く信じられている。

こうした問題は世界中で起こっている。通常、国際的な資金援助の額は年間五〇〇億ドルから五五〇億ドルにもなる。そして、こうした金で行なわれるプロジェクトは、堕落し、無力で、本来の目的などすっかり忘れてしまった巨大な官僚システムを作り上げてしまった。この種の援助は、資金が政府のもとに届くという前提で考えられている。市場経済と自由な企業活動の優位が大声で言われている今日の世界において、国際援助資金は政府の浪費を拡大するために使われている。市場経済の利益に反して使われることもあるくらいだ。

私はかねがね、こう論じてきた。そうした資金は巨大な官僚システムのもとで浪費されるよりも、私たちのクレジットとして活用されるべきだ、と。たとえばバングラデシュの場合、最も貧しい一〇〇〇万世帯にクレジットで一〇〇ドルを渡すためには、一〇億ドルもの現金が必要になる。資金を与えられた人々は、この金を収入を増やすために使うだろう。そして最終的には、この金は商品やサービスを買うために使われる。もしクレジットの九〇%が返済されたなら、九億ドルもの回転資金を作ることができ、これを元手として何度も何度もクレジットを実施することができるのだ。

海外の援助は通常、道路や橋を作ったりという、貧しい人々を〝長い目で〟援助する方針で行なわれている。しかし、長い目でなど見ていたら、貧しい人々は飢えて死んでしまうだろう。現実の世界では、どのような援助も彼らのもとには届いていないのだ。

べつに私は、道路や橋を作ることに反対しているわけではない。そういうものでも、貧しい人々が生きていくうえで何か少しでも役に立つなら、意味のあるものだと言えよう。だが実際には、まったくそうではないのだ。

こうした援助から直接的、間接的に利益をあげている人々は、実際にはすでに富を得ている人々であり、彼らは貧しい人々の名を借りているにすぎない。海外の援助は、そういった力のある人たちにただで金をくれてやっているようなものだ。もし援助を、貧しい人々の生活に何か効果を与えるものにしようとするなら、貧しい家庭のなかでも特に悲惨な立場に置かれている女性たちに直接届くように、方法を変えるべきであろう。新しい援助の方法論は、新しい目標とともに考えていかなければいけないものだと私は信じている。

すべての開発援助は、貧困の根絶こそを目標にすべきである。開発は人権の問題として論じられるべきものである。開発の成否は、その国の経済の伸びを示すとされているGNPの成長と結びつけられがちだが、そうではなく、貧しい人々の利益になっているかどうかで判断されなくてはならない。

開発の意味は、次のように再定義されるべきだ。つまり、開発援助を受けている国々の人口の底辺から五〇%にあたる貧しい人々の経済的地位が改善されることを意味するべきなのである。もし援助を行なっても、こうした底辺の人々の経済的地位が向上しないのであれば、それは開発援助ではない。言い換えれば、真の開発援助かどうかは、底辺の五〇%にあたる人々の投入資本額に対する実質所得の伸びによって計測され、判断されるものなのである。

あるアメリカ人ジャーナリストが私のところにやってきた。彼は、世界銀行に対して絶えずあら探しを続ける私の態度に腹を立てているようだった。彼は世界銀行を、人類に慈悲と啓蒙を与える組織であり、報いられそうもない仕事にベストを尽くしている、と考えていたようだ。

彼はカセットレコーダーを私の前に差し出し、挑むような口調でこう言った。

「批判ばかりするのではなく、あなた自身が世界銀行の総裁になれるように、現実的なステップを踏み出してみてはいかがですか？」

彼の瞳からは、私をやりこめて敗北を認めさせたいという気持ちが見てとれた。

「私は、自分が世界銀行の総裁になったら何をしようか、などと考えたことは一度もありません」私は考える時間を稼ぎながら答えた。「でも、もしそうなったら、まず世界銀行の本部をダッカに移したいですね」

「なぜ、そうしたいと？」

「いやあ、もしルイス・プレストン（当時の世界銀行総裁）が言うとおり、『世界銀行が橋を作る目的は、世界から貧困を撲滅するためだ』というのなら、世界銀行は貧困のはびこる場所に本部を移すべきだと思うのです。ダッカにくれば、浮浪者や最も貧しい人々にとり囲まれることになります。問題のある場所のすぐ近くに住むことで、世界銀行がもっと早く、もっと現実的なやりかたで、この問題を解決することができると思うんですよ」

彼はうなずいた。インタビューを始めた直後に比べると、攻撃的ではなくなっていた。

「同時に、本部をダッカに移した場合、世界銀行で働く五〇〇〇人ものスタッフの多くは来るのを嫌がることでしょう。ダッカは、世界銀行に勤める人が子どもを育てるのに選ぶような場所ではありませんし、都市生活をエンジョイできるようなところでもありませんからね。ですから、彼らの多くは、自分から引退したり転職したりするでしょう。このことで、次の二つの成果をあげられると思うんです。一つには、貧困と闘うことだけに完全に専念していない人たちを辞めさせて、その代わりに、その問題を理解していて、本当に任せられる人を雇うことができる、ということ。そしてもう一つは、高い給料を必要としないライフスタイルの人たちを雇えるのでコストの削減につながるということです。ダッカはワシントンに比べれば、何でも安いですからね」

従来の海外援助のシステムは、巨額の資金を投入することによって飢えや貧困を取り去るのに十分な経済活動が生み出されることを前提として、何年も前に考えられたものである。だから、資金を提供する側も受け取る側もともに、貧しい人々がどのように生きているのかなどということについて、頭を悩ますようなことはなかったのだ。資金提供国は、人目を引く、物質的な構造物を作ることを目的としてきた――橋や、評判の高い巨大な工場や、ダムなどだ。老朽化した社会事業のための施設を建て替えることも、自ら抱える問題を解決するために人々を組織化することも、その目的ではなかった。自助努力のためのプロジェクトは「ボーイスカウト・プロジェクト」だと、ひどい言葉を浴びせられた。

だが今、二一世紀を迎えようとする私たちは、ゆっくりとだが変わりつつある。とはいえ依然として、大見出しで報じられ、人々を喜ばせているのは、援助資金の金額なのである。援助する側もされる側も、その金額が大きければ大きいほどいいと思っているのだ！

援助の質に対してどれだけ支払われるか、ということについては、現実には誰も注目しない。援助にかかわるすべての人々の間で、きわめて重大な二つの単語が何十年も使われ続けてきた。不幸なことだが、それはこれからも続くであろう。その言葉とは「いくらか《ハウ・マ》かる《ッチ》？」である。

一九九〇年、私たちは世界銀行がグラミンの活動内容を綿密に評価することを許可した。私たちの組織の中にも、それはまるで鶏小屋にきつねを放つようなものであり、前向きなものを何も生み出さないだろうと考える人がいた。だが、私はこう言った。たとえ偏《かたよ》った評価になろうとも、もし私たちが世界銀行に一切の調査を許さなかったならば、彼らはきっと、私たちは何かを隠していると世界に向けて語るだろう。しかし実際には、私たちには何一つ隠さなければならないことなどない。だから、世界銀行の強力な評価チームに、私たちの日々の仕事を評価させても何の問題も起きないはずだ、と。

一九九三年春、私たちはその評価報告書の草稿の内容を知った。そこには、グラミンはつねに経済的な危機に瀕していると書かれていた。その時、グラミンにいる私の仲間はみな、世界銀行は私たちに偏見を抱いており、私たちの目的を正しく調査するつもりなどないのだろう、と言った。

報告書の内容をチェックした私たちは、それが一九九一年と九二年のグラミンの財務状況をもとに書かれたものであることを発見した。この二年間、グラミンは組織の肥大化とスタッフへの給与支払いのために、損失が増えて苦しんでいた。しかし、それは一時的なものであった。私たちは世界銀行の調査チームに、いつもどおりの取引が行なわれた一九九三年の第一・四半期の数字を見せ、調査をやり直してもらった。その結果、まったく異なる結論が浮かび上がってきたのだった。

グラミンに対する世界銀行の調査は、その結論が私たちにとって認められないものであった場合、私たちは最終報告書に反論を載せる権利を持つという条件付きでスタートしたものであった（私たちが彼らの最終報告書に同意すれば、この権利を行使する必要はない）。

こうした長い関わり合いのなかでは別の発展もあった。数え切れないほど多くの点でグラミンと世界銀行は反対の立場をとっていたにもかかわらず、世界銀行で働く人たちの多くが、個人的に親しい友人となり、グラミンを熱狂的に支持し、私たちの話に喜んで耳を傾けてくれるようになった。最初はそうでなくても、そうなってしまうのであった。

一九九五年の終わり、私たちはまたもや世界銀行のソフトローンを断わった。その時持ちかけられたのは、バングラデシュに対して一億七五〇〇万ドルを融資するというプランで、そのうち一億ドルがグラミンへの融資だった。

私がどのように融資を断わったかというエピソードは、私がすべてを断わったという事実と同じくらい興味深いものである。バングラデシュには毎年、どんなプロジェクトに投資できるかを探るために、世界銀行から一ダースもの現地調査使節団がやってくる。あるバングラデシュ政府の役人が私を呼んで、こうした使節団の一つを受け入れてほしいと依頼してきた。私はその役人に対して、グラミンは世界銀行からの融資などまったく必要としていない、と告げた。グラミンは債券市場からの収益と銀行業務からの利益を十分に得ているので、いかなる援助資金やソフトローンも必要としておらず、完全に独立した財務状態を確立しているのだから、と。その役人はこう主張した。「世界銀行側があなたに会いたいと言っているから、頼んでいるのだ」と。そこで、私は受け入れた。

世界銀行の使節団はダッカの私のオフィスに到着するとすぐさま、グラミン銀行は世界銀行に何をしてほしいのか、と尋ねてきた。私は、それは違う、と言った。私たちが世界銀行に求めているものなど何もないのだ、と。

数カ月後、世界銀行とバングラデシュ政府は一つの合意に達した。バングラデシュ政府がグラミンのようなマイクロクレジット・プログラムを創設するのを援助するために、世界銀行は一億七五〇〇万ドルの資金をソフトローンで融資する、という内容だった。

草案が検討されるなか、大蔵大臣がそのコピーを私たちに送り、コメントを求めてきた。草案ではグラミンが融資額の一部を受け取るようになっていたので、私はもう一度、私たちは一切のローンを必要としていないという説明文を付けて、すぐさま返事を送った。

これによって大蔵省の役人たちは難しい立場に追い込まれてしまった。というのも、彼らが懸命に働いて作り上げた合意案が、成立しかねる状況に追い込まれてしまったからだ。打開策を話し合うために、私は大蔵大臣に招かれた。彼は私にとっては、昔から親交をかわし、尊敬していた人物だった。だから、私は一人の友人と、一人の支持者を失うであろうと考えていた。思ったとおり、彼は私がこのローンを受け入れるよう、説得を試みてきた。

「ユヌス教授、あなたはこの金を実際に受け取らなくてもいい。将来的にあなたが使うことができる資金援助について書かれたこの一行について、『前向きに考える』と言ってくれるだけでいいのですよ」

私は説明しようとした。「そんなことをすれば、今後二〇年間以上にわたってグラミンが、わずか一タカの金も受け取らなくとも、世界銀行の書類と資料には、グラミンは彼らの金の受取人であると永遠に記されてしまいます。彼らは私たちを永遠にクライアントとして見ることになるでしょう」

「ただ、わが国には資金が必要なんです」

「グラミンは必要としていないんです」

「しかし、グラミンで借りていない数百万の人々の事を考えてほしいんだ。貧しい人々のことを考えてほしい」

「私は、貧しい人たちのことを考えて、そう言っているんです。考えているからこそ、こんな一見矛盾した立場を取っているんですよ。グラミンが一貫して説いているのは、貧しい人々は借り手として間違いなく信頼できる、ということです。経済基盤の底辺で誰かが彼らに金を貸せば、彼らは自分の力で利益をあげるようになります。それを理解していない世界銀行は、実際には、貧しい人たちからこの世の権利を奪う役割を果たしているのです。貧しい人々にとって本当に役に立つ行為を否定しているのみならず、貧しい人々が自らの利益を求めて活動することも否定してしまっているのです。貧しい人々を不可触民やアウトカーストとして扱うことは、非道徳的で、弁護の余地のない悪行であるばかりでなく、経済的にも愚かなことです。私の仲間や共労者たちが、一九年もの間闘い続け、きつい仕事をし、つねに不自由さを感じながらも今日までやってきたのは、どんな経済援助からも完全に自由な立場を貫きたかったからなのです。あなたは、私たちに世界銀行のクレジットを受け入れるように頼んだりするのではなくて、私たちがここまでなし遂げてきたことを称賛するべきです」

大蔵大臣は私を見つめた。彼は明らかに動揺しており、なおも私を説き伏せたいと考えていた。しかし、彼はこう言った。

「あなたがこれまでどうやってきたか、よく分かったよ」

「分かってもらえるとは思っていません」私は言った。「今日ここへ来た時、私は尊敬する友人を失うだろうと心配していました。私はあなたに不可能な状況を押しつけるからです。でも私は、どんなに熱心に説得されたとしても、自分の良心に逆らうことはできません。グラミンがこれまで闘い続けてきたことを台なしにするわけにはいかないんです。もし私がローンを受け入れたら、私の仲間たちはみな口々に叫ぶでしょう。『われわれがこれまで何年もつらい思いをしてやってきたことは、一体何だったんだ？　何だったんだ？』とね」

彼は立ち上がって、私の手を握った。「もう分かった」と彼は言った。「あなたにこれ以上圧力をかけるのはやめましょう」

助かった――私はまるで死刑宣告を取り消されたような気分だった！

グラミンが資金提供者の金を受け取らないということは、チャリティー（施し）という問題そのものと結びついている。

ダッカ市内で車を運転する人は誰でも、施しを求めて暮らしている物乞いに取り囲まれることになる。

なぜ、彼らに金を与えないのか？　たった数セントを手渡しさえすれば、私たちは良心の呵責《かしやく》から逃れることができる。近づいてきた人がハンセン病で指や手が崩れていたら、私たちはとてもショックを受け、すぐに、そしてごく当たり前のようにポケットに手を入れ、札を渡そうとする。それは、私たちにとってはわずかな額だが、受け取る側にとっては大金だ。しかし、そういうことが役に立つのだろうか？　いや、ほとんどの場合、むしろ悪い影響をおよぼすのだ。金を渡す側としては、何かをしたという気持ちになれることだろう。しかし、実際には何もしていないのだ。

金を渡すことは、現実の問題から私たち自身を遠ざける一つの方法なのだ。わずかな額の金を渡しておけば、私たちは自分が何かをしたと思えるし、善い行ないを貧しい人々と分け合うことができていい気分になれる。しかし、実際には、本当の問題を放置しているだけなのだ。私たちは問題を解決しようとする代わりに、金を放り投げて歩き去ってしまうのだ。だが、いつまでそうしていられるのだろうか？

物乞いに施しをすることは、長期的どころか、短期的な解決法にすらならない。その物乞いは次の車や次の旅行者のところへ行き、同じことをするだろう。そして結局、彼はお金をくれる人のところへ行き、つねに頼ることになってしまう。もし、誠実に問題を解決したいと思うなら、まず自ら問題に関わり、歩みを始めるべきである。物乞いに金を出す時には車のドアを開けて尋ねてみたらいい。一体どうしたのか、名前は何というのか、年はいくつなのか、医者の治療を受けたいと思っているのか、どんな訓練を受けたことがあるのか。こうしたことは、相手を助ける第一歩になる。しかし、黙って金を手渡すだけでは、物乞いを追い払ったも同然で、相手とのつながりは何も生まれない。

私は、人を助けたいという道徳的義務感など必要ないと言っているのではないし、助けたいと思う本能が必要ないと言っているのでもない。ただ単に、援助をどのような形ですべきかを論じているだけだ。

施しは、資金を受ける側に破壊的な効果をもたらすものである。多くの場合、施しを受けた人間は、自らの生活を良くしようとする意欲とか、病気を治そうとする意欲を失ってしまうのだ。もしあなたが治療を受けている身であるなら、金を受け取るのはやめなさい。新聞では、もっととんでもないケースが報じられることもある。物乞いの集団が、身体をゆがませて育てるために、新生児を壺《つぼ》の中に入れておくというのだ。そうやって身体を曲げて育てられた子どもたちは、プロの物乞いが金を稼ぐのに使う、いい〝商品〟になるという。

どんな場合でも、施しは金を受け取る者の尊厳を奪い、収入を得ようとする意欲をも奪い去ってしまうのだ。金をもらう側は受け身になり、社会に出て自活しようという意欲を失ってしまう。「私ができることといえば、ここに座って手を外に出すこと。そうして私は生活費を稼ぐのだ」彼はそう考えるだろう。

バングラデシュや他の第三世界の国々が昔からずっと、自然災害に対して断固とした対策を打ち出さないでいるのも、同じような理由からだ。この一〇年間で、こうした国は救いようのない状況にあるというイメージができあがってしまった。私たちが何度も自然災害に襲われたのは事実である。だが、私たちは救いようのない状況にはないし、希望を失ってもいない。

あるとき、私は一人の子どもの物乞いに出会ったが、その子に施しを与えたいという自然な衝動に逆らった。だが実際には、施しを与えてしまうことが今でも時々ある。相手の姿があまりにも悲惨で――何かの病気にかかっていたり、死にそうな子どもを抱えた母親だったりすると――どうしてもポケットに手を入れ、何かを与えずにはいられない時、私は施しをしてしまうのだ。しかし、私はできるだけ、この衝動と闘うことにしている。

個人レベルでのこの例は、世界的レベルでの国際援助で起こっていることにも通じるものである。いったん援助に頼るようになった政府は、さまざまな手段を使って、より多くの援助を求めるようになってしまうのだ。

熱心に働き、無駄遣いせず、誰にも頼らない独立独歩のプロジェクトを行なう人々は嘲笑されている。しかし、食糧援助が構造的な食糧不足を生み出しているのが現状なのだ。穀物の輸出入業者や船の荷主、役人など、外国からの食糧の獲得と配布に関わる人々は、もし食糧の自給体制ができれば仕事や権益を失ってしまうからである。

こうして援助は、資金提供国を喜ばせるのが得意な政治家、請負業者、腐敗した役人などの手によって、援助を受ける国の経済そのものと政治情勢をねじ曲げてしまっているのである。

私は立ち上がり、演壇の前に立った。今ではグラミン・プログラムは一二〇〇万人、すなわちバングラデシュの人口の一〇分の一にまで行き渡っている。そして、この一〇年間に、グラミンが資金を借りた人たちの三分の一を貧困から救い出すことに成功したことが、独自の調査によって分かっている。そのことから導き出される私のメッセージはいつでも同じだ。貧困は私たちが生きているうちに撲滅することが可能だ。必要なのは、政治的な意志だけだ。

考えていることを実現するためには、このメッセージを何度も繰り返す必要があった。貧困のない世界というものを概念化することさえできれば、私たちはそれを実現することができるはずだ。そして、その気になりさえすれば貧困のない世界を理解できるはずだという私のメッセージは、ここ、世界銀行で話されることによって、新しい意味を獲得することになるのだ。

私は演壇の前に進み、目の前に居並ぶ専門家たちの顔を見渡した。何十年も前から知っている仲間の顔もあった。そこにいる人々の多くは、私たちを本当に助けてくれた。一方、グラミンの生存能力そのものを疑い続けている人々もいた。そういう人たちにとってみれば、ここで私が演説することなど、悪夢に違いない。私たちの活動に疑念を持ち、反対している人たちが、それでも今日こうして私の演説を聞きに来たのには理由があった。それはグラミンが、これまで発言してきたとおりの実績を世間に示してきたからだ。

銀行が最初に私に言ったのは、貧しい人々は信用に値しない、ということでした。それに対する私の最初の反応は、「彼らに金を貸したこともないのに、なぜそんなことが言えるのですか？　銀行というものは、人間のために存在するんじゃないんですか？」というものでした。

「彼らには担保がないんですよ」と銀行側は答えました。

確かに、それは今日でも事実です。しかし、貧しい人たちには自尊心があるし、同じように借りている仲間からのプレッシャーもあります。バングラデシュの農村の女性たちは、地球上で最も貧しい国に住む、最も貧しい人たちです。彼女たちは土地を所有していないし、お金に触ったことさえないという人も多く、読み書きもできません。彼女たちは人目に触れてはならないとされているため、夜だけしか安心できないでいます。男性の目の前に立つことは許されず、見知らぬ人に出会ったら顔を隠さなければならないのです。そんな人たちと一緒に働きながら、私たちは実に九八％以上の資金を回収してきました。

専門家たちは何度も何度も繰り返して、グラミン銀行がやろうとしていることは絶対に実現不可能だと言ってきました。

こうした指摘に対して、私は次のように答えてきました。「ええ、私たちは狂ってるんですよ。でも将来、誰かの世話になろうとは全然思ってないから、いいんです」

私たちはいつでも、こう言われてきました。一握りの貧しい人々に金を貸しているうちは、それをきちんと返済してもらうことは可能かもしれないが、そうした事業を無数の村々で展開することなどできないに違いない、と。今日までに、私たちはバングラデシュ国内にある村の半数以上になる三万六〇〇〇もの村々で活動をしています。一万二〇〇〇人のスタッフを抱え、一〇七九カ所の支店で活動を続けているのです。

また、私たちは、家族のリーダーである男性にこそ金を貸すべきだと、言われ続けてきました。

それに逆らって、私たちは貧しい女性を融資の相手に選びました。そして結局、彼女たちこそが、貧困に立ち向かう私たちの最も決定的な武器となったのです。今日、私たちには二二〇万人もの借り手がいますが、その九四%は女性です。

私たちが行なっている非常に小規模なローン——平均で一人当たり約一五〇ドル——は、家族を貧困状態から救うのに十分な収入は作り出さないだろうと言われてきました。人々の貧しさは、その程度の額を借りてもまったく影響を受けないほど深刻なのだ、と。しかし、独自の調査では、金を借りた人たちは確実に生活を向上させているという結果が出ています。この一〇年間に、借り手の半数は貧困線より上の年収を得るようになり、残りの四分の一も貧困線ぎりぎりのところにまで近づいています。

また、独自の調査で、私たちの借り手は、借り手になっていない家族よりもいくつかの点で優れていることが分かりました。たとえば栄養状態、子どもの死亡率、避妊具の使用率、トイレ設置率、安全な飲み水を利用できるかどうかといった点です。私たちの住宅ローン制度は三五万世帯に住宅を供給しましたし、これとは別に一五万世帯が、グラミン関連企業からの収入で家を建てています。

グラミンは資金提供者からの寄付金に依存した、病んだ組織であるとも言われてきました。しかしグラミンは、支店レベルで採算が確保できるようにしています。実際に、自ら債券を発行したり商業銀行から金を借りて、市場で独自に取引を行なっています。株式を通じて資金を集めるために、合衆国の金融市場に参加する準備もしています。グラミンは今日のバングラデシュで最も健全な金融機関なのです。

一九九三年、世界銀行はグラミンに対する評価報告書を発表した。そこにはグラミンは今後も発展するであろう価値のある組織であり、世界銀行との関係も今後ますます改善されていくだろう、と記されていた。そしてこの年の一一月、私がワシントンで開かれた世界飢餓会議で演説をした際には、世界銀行は二〇〇万ドルをグラミン銀行の姉妹組織であるグラミン・トラストに提供すると発表した。グラミン・トラストというのは、私たちの経験を世界各地で実践するために創設された機関で、現在では世界二七カ国で六八ものプログラムが行なわれている。

グラミン・トラストへの出資は、世界銀行の貸出としては小額であったが、私たちグラミンにいる者たちは、それをとても重要な、いかにも世界銀行らしいジェスチャーだと受け止めた。

マイクロクレジットが、貧困を撲滅するうえで理にかなった経済的な道具《ツール》だと世界銀行に認められたのは、そのときが最初であった。ほどなくして世界銀行は自ら先頭に立って、マイクロクレジット・プログラムと連携し、資金提供者を呼び集めるようになった。そしてついにはCGAP（貧困層支援協議グループ）が設立された。マイクロクレジットの実務経験を持つ人々は、その政策顧問グループのメンバーになるよう要請され、私などは顧問の代表になってほしいと頼まれたほどだ。

私は世界銀行との間にあった過去の軋轢《あつれき》を捨て去り、まっさらな状態から新たな関係を築こうとした。大きな賭けだったが、いずれ世界銀行の取り組みを変えられるだろうという希望もあった。

一九九六年、世界銀行の総裁ジェームズ・D・ウォルフェンソンは、次のようなことを認めた。
「マイクロクレジット・プログラムは、世界の最も貧しい村々と、そこに住む人々に経済的な活力をもたらした。貧困を緩和するこのビジネスのやり方によって、何百万人もの個人が、尊厳を保ったまま貧困から脱却するために働くことが可能になったのだ」

ジム・ウォルフェンソンは頻繁に各国を訪問しているのだが、彼はどんな国に行った時も、必ず田舎の村や、世界銀行が資金援助している郊外のプロジェクトを視察に行くことにしている。国の有力者たちがいる首都よりも、そういう場所で過ごす時間の方が長いほどだ。一九九七年一〇月、ウォルフェンソン総裁はバングラデシュにやって来た。そして私の妻と一緒にグラミンの支店を訪問し、グラミンから金を借りている村人たちと会い、彼らの家を訪ね、彼らとの討論に参加したりした。

彼はバングラデシュ滞在中、私が本書のフランス語版の出版のためにパリにいた時にメディアに語った、世界銀行に対する否定的な発言を、とても残念に思っていると私に言った。彼は私に、ぜひワシントンに来て、彼が今まさに作り上げようとしている「新しい」世界銀行を見てほしいと言った。新しい世界銀行は、かつて私が過ちを厳しく指摘したものとはまったく違ったものになりつつある、というのだ。ウォルフェンソン総裁があまりに真剣な口調で招待するので、私は辞退することをあきらめた。一九九八年一月に四日間、私はワシントンに行き、世界銀行にいる重要な人物のほとんどに会ってきた。

強く印象に残ったことが二つあった。一つはウォルフェンソン総裁の公式発表であり、二つめは、彼がその発表を、とても分かりやすい平易な言葉で語ったことである。彼は私のワシントン滞在中に、世界銀行の使命は貧困のない世界を作り上げることだと公式に宣言したのだ。世界銀行の総裁が自らこうした発言を行なったことに、私は興奮した。しかも彼は、単に私たちの共通の願いを表明するだけでなく、さらに踏み込んだ発表を行なった。彼は自らの仕事の定義を明確にし、その達成年まで決めたのである。世界銀行の仕事は、まず、絶望的な貧困に陥っている数多くの人々（一日の収入が一ドル以下である人々）を救うこととされた。達成目標年は二〇一五年と決められた。

私はすぐさま、強い力を持つ協力者が現われたことを悟った。グラミンと世界銀行とは、重要で実りのある協調関係を樹立することができるだろう。

しかしこの興奮も、世界銀行の他の有力者たちとの会合を重ねるにつれて次第に薄れていった。私がジム・ウォルフェンソンに対して感じ、彼が私の中に呼び覚ました興奮といったものが、彼のチームの重要人物の顔や言葉には反映されていないのだ。彼らにとって、新しい任務についての声明は、古いものを焼き直しただけのものにすぎなかった。彼らは特別なものを何も読み込まなかった。彼らにとっては、新しい任務もいつものような仕事の一つにすぎなかった。困惑し、落ち着かなくなっている人たちもいた。彼らは、ウォルフェンソン総裁の声明文が実際には何を言わんとしているのかが分かりかねているようだった。そして仕事が今後どのように変わっていくのか、またその新しい仕事をどのようにして遂行していけばいいのか、考えあぐねているようだった。

私はジム・ウォルフェンソンに、「古い銀行家たちと一緒に、本当に新しい銀行を作れるのでしょうか？」と尋ねてみたかった。きっと彼はこう答えるのではないだろうか。「もちろん、できっこないよ。だから、たくさんの幹部を入れ替えなければならないだろう」と。彼が古い世界銀行のやり方を一体いくつ変えられるのか、あるいは本当に変えることができるのか、それは私にも分からない。しかし、彼がやろうとしている仕事がいかに困難かは分かっているつもりだ。私は幻想など抱いていない。

その四日間の後、私はこんなふうに思いながら帰ってきた――あの世界銀行という名の船は、新しい船長が、到達困難な新しい目的地を告げたばかりなのだ、と。彼に従う船乗りたちは、貧困撲滅という荒々しい海原で働いたことなど一度もない者ばかりだ。また、船長自身にしても、はっきりとルートを書き込んだ海図を持っているわけではない。船は本当に目的地にたどり着けるのだろうか？　私は信じている。船長が誠実で、行きたいと思うところに断固として舳先《へさき》を向けていれば、いかなる困難が襲ってこようとも、彼はきっとその船をたどり着かせることができるはずだ、と。

その間、私は船長が誠実に、断固として船を進めつづけることを祈っている。

3　チッタゴン、ボクシラート通り二〇番地

チッタゴンは三〇〇万の人口を抱える商業都市で、バングラデシュで最も大きな港を持っている。私は、このチッタゴンの古くからのビジネス街の中心にあるボクシラート通りで生まれ育った。この通りはとても交通量の多い一方通行の道路で、しかも道幅は一台のトラックが通るのがやっとだった。ボクシラート通りは（今でもそうなのだが）チャクタイの船着場から中央農産物市場へと通じる重要な交通路だった。

私たちが住んでいたのは「ソナポッティ」と呼ばれる、宝石商の住む地域だった。私たちはその二〇番地にある、小さな二階建ての家の二階に住んでいた。一階の道路に面している部分には父が経営する宝石店があり、奥には工房があった。私たちの世界には、いつでも騒音とガソリンの臭い、そして人々の叫ぶ声があふれていた。行き交う行商人、手品師、物乞い、そして狂人など、いろんな人が通りで叫んでいた。トラックや荷車は、いつ

でもこの通りの邪魔者だった。一日中、運転手たちが言い合い、わめき、車の警笛を鳴らすのが聞こえていた。いつもカーニバルが行なわれているような雰囲気だった。真夜中に近づくにつれて、通りの騒音は次第に消え、金属を加工する低い音にとって代わった。それは父が工房で金をやすりで削り、磨く音だった。そういう騒音はいつでも私の生活の背後にあってリズムを作っていた。

家の二階部分には四つの部屋と台所があった。私たち子どもは、そのうちの三つの部屋をそれぞれ「お母さんの部屋」「ラジオの部屋」「大広間」と呼んでいた。もう一つの部屋には名前がなかった。名前のない部屋では、一日に三回、私たちが座って食事をするためにマットが広げられた。そこは父の部屋でもあった。子どもたちは大広間で、みんなで一緒に眠った。

私たちの遊び場は建物の屋上で、そこには周りすべてに欄干が取り付けてあった。遊ぶのに飽きると、私たちはぼんやり過ごしていた。階下に降りてお客さんの姿を眺めたり、裏の工房で金職人が働いているところを見たり、あるいは、絶えず変わり続け、絶えず繰り返される路上の出来事を眺めたりした。

ボクシラート通り二〇番地は、チッタゴンでの私の父の二番目の仕事場だった。最初の仕事場は、一九四三年に日本軍に爆撃されて被害を受けた時に放棄したのだ。当時、日本軍は、まさにチッタゴンに足を踏み入れんばかりのところにある隣国ビルマ（現ミャンマー）まで侵攻し、さらにインドを脅かしていた。とはいえ、私たちの頭の上で激しい空中戦が繰り広げられていたわけではない。日本の飛行機はチラシをばらまくだけで、私たち子どもは、屋根の上からそれを喜んで見ていた。しかし、家が爆撃にあうとすぐさま、父は安全のために私たちを自分の故郷であるバッア村に疎開させた。そこは戦争が始まった時、私が生まれた場所でもあった。

バッア村は、チッタゴンから七マイルほど離れている。祖父はそこで土地と農場を手に入れた、そこそこの実業家だった。しかし、祖父は宝石の取引の方に魅かれてしまった。その長男である私の父デュラ・ミアは、高校を中退し、祖父の跡を継いで小さな宝石商の仕事を始めた。金の加工職人というのは昔からヒンドゥー教徒の仕事とされていたので、イスラム教徒がその仕事をするのは異例のことだった。しかし、彼はすぐに、イスラム教徒の顧客にとって、その地方で一番の職人、そして宝飾品商人として名をあげることとなった。

私の父はとても心の穏やかな人物だった。彼はめったに私たちを叱ったりしなかった。しかし、勉強に関してはとても厳しかった。

今でもよく聞かされるのは、父が金庫にしていた鉄のタンスの話だ。彼は四本脚の背の高い鉄の金庫を三つ、店の裏側の壁の中に据えつけた。一列に並んだ金庫は、カウンターの後ろ側の壁と同じだけの長さがあった。店が営業を始めると、父は金庫を開ける。その重い扉の内側には鏡と飾り棚があったので、客は誰もそれが金庫だとは思わず、室内の装飾物だと思ってしまうのだった。

私たちが勉強しているかどうかを見るために、父が二階に上がってくる前触れの音を、私たちはよく知っていた。一日の五回目の祈りの前、ちょうど店を閉める時間になると、父は金庫のタンスの重い扉を押して閉める。その、鉄の扉が動く金属音が合図なのだ。扉にはそれぞれ三つの鍵があり、一つの金庫に合計六つの鍵があった。父が鍵を閉めている隙に、私と兄のサラムとは、そのとき何をしていようと、飛び起きて本を開いた。父は私たちが本当に本を読んでいたとは思っていなかったのだろう。父は私たちの肩ごしにのぞき込み、私たちが正確に読んでいるかどうかを長い時間かけて調べた。

父が本の前に座って私たちを見続けている間ずっと、私たちの口から単語がこぼれ落ちるように聞こえていれば、彼はそれで幸せだった。そして「いい子だ、いい子だ」と言ったあと、礼拝のためにモスクへと出かけていった。

父は敬虔《けいけん》なイスラム教徒としてその人生を送り、メッカにも三度の巡礼をした。四角い鼈甲《べっこう》の眼鏡と白いあごひげのせいで、父はとても知的に見えたのだが、本の虫ではなかった。大家族を持ち、仕事でも成功を収めていたので、いつも時間がなかったし、もしかすると私たちの勉強を見てやろうという興味もなかったのかもしれない。父はいつでも白ずくめの服装をしていた。白いスリッパを履き、白い〝パイジャマ〟のズボンを穿き、白い上着に白い礼拝帽という姿だった。彼は仕事の時間と祈りの時間、そして家族と過ごす時間をちゃんと分けていた。

私の母、ソフィア・カトゥンは、力強く、決断力に富む女性であった。家族にとってはしつけの厳しい人であり、いったん下唇をかみしめて何かを決めたら、誰も彼女の決定を変えられないことを私たちはみんな知っていた。母は私たちみんなに、彼女のやり方に沿って生きてほしいと願っていた。

彼女は思いやりとやさしさにあふれていた。多分、兄弟姉妹のなかで、私が最も大きな影響を受けたのではないだろうか。母は遠くの村から訪ねてきた貧しい親戚に、いつでもお金を渡していた。私が自分の生きる道を見つけるのを助けてくれたのは、まさにそうやって貧しい人や恵まれない人たちと関わっていた、母なのである。私の性格形成に最も影響を与えたのもまた、母なのである。

母の家族もやはりかなり成功した商人で、ミャンマーからの品物を売り買いする貿易商だった。母の父は地主で、農地を貸しっぱなしにして、ほとんどの時間を、読書をしたり、詩を書いたり、美食にふけったりして過ごしていた。彼は死ぬまでそんな気質だったから、孫たちに慕われた。

まだ幼い子供のころ、母が金で縁取りされた派手なサリーを着ていたのを、私は今でもはっきりと覚えている。母の真っ黒な髪はいつでも太い巻き髪にしてあり、前髪は右側で分けていた。私は母を深く愛していた。私は兄弟たちの誰よりもよく母のサリーを引っ張って、注意を引こうとしていたのだった。

どうしてなのかはよく分からないのだが、サイクロンや、高潮や、旱魃《かんばつ》が起こると、彼女はいつでも美しく見えた。母は自分でいくら美しくないようにと頑張ったところで、その美しさを隠すことはできなかったのだ。

母は物語や歌を聞かせることで、私たちに音楽の楽しみを教えてくれた。そうした経験は、世の中に対する驚きの心の源となった。

私は母に、何度も〝カルバラーの悲劇〟（スンニ派とシーア派が分裂することになった戦い）を感情のこもった声で話して聞かせてくれるように頼んだ。そして毎年、〝ムハッラム〟の期間中——イスラム教徒が〝カルバラーの悲劇〟を追悼する行事だ——母にこう尋ねたのを覚えている。

「お母さん、なぜこの家のこちら側の空は赤なのに、向こう側は青なのですか？」

「青はハサンのため、赤はフサインのためなのよ」

「ハサンとフサインって誰ですか？」

「彼らは預言者様（マホメットのこと）の孫よ。この宝石は、二人の聖なる瞳なのよ」

母は彼らの悲劇の死の物語を話し終えると、夕闇を指し示して言った。空の一方の青はハサンを殺した毒の色、反対側の赤はフサインの血の色なのよ、と。子供だった私は、彼女のこの描写に感動した。後に私が偉大なるベンガルの叙事詩、ビシャド・シンドゥー（悲しみの海）に出会った時に受けたのと同じくらいの感動だった。

私の幼い時期、母は特別な存在だった。彼女が台所でとびきりおいしい〝ピタ〟ケーキという香ばしい揚げ菓子を作り始めると、私たちは彼女の周りに集まって見物した。焼き上がったピタは、フライパンから皿に移されて冷まされる。この時、最初の味見人になる名誉を得ようと、私たちはそれを奪い合ったものだった。

母のすることに、私はよくうっとりした。母は店に出て、せっせと働いていた。彼女はよく、イヤリングやネックレスに最後の仕上げをしていた。ベルベットや毛のポンポンをリボンの端につけたり、色のついた紐を編んだものを結びつけたりしていた。私は母の長く細い手が動き、とても美しい飾りを作るのを、驚いて見つめていた。こうやって稼いだお金を、母はお金を必要としている親戚や友人や近所の人など、彼女のところにやってくる人に与えていた。

母は一四人の子どもを産んだが、そのうちの五人は早くに亡くなってしまった。そんな大家族で育ったことで、私は早いうちから赤ん坊の大切さを教えられた（時々、私は同時に二人の面倒をみていたこともあった）。家族愛の大切さ、えこひいきせずに平等に接し、平等に援助すること、そんなことも教わった。そしてまた、大家族で暮らしていくなかで、妥協の大切さというものも教わった。

私より一二歳年長の姉、モンタツは、まだ一〇代のうちに結婚した。彼女の新しい家は町のはずれにあり、家からそう遠くなかったので、私たちはよく彼女の家を訪ね、彼女の作った贅沢な料理を食べた。モンタツは母から三つのことを受け継いでいた。料理上手なこと、このうえない喜びの気持ちでもって愛する者たちを養っていく態度、そして終わりのない物語を話す才能の三つである。

三歳年長の兄サラムは、いつでも私のよき相棒だった。日本軍との戦争が終わっても、サラムと私の戦いは終わっていなかった。自分たちが聞いたマシンガンの音を真似して遊んだりしていた。日本軍の飛行機の代わりに、空に色とりどりの凧を揚げた――たいてい菱形《ひしがた》の紙製の凧で、骨には竹ひごを曲げたり伸ばしたりして使っていた。父は市場で信管を抜いた日本軍の砲弾をいくつか買ってきて、母がその羽を広げて立たせ、屋上で植木鉢として使っていた。

私はラマー市場の近くにある授業料のいらない小学校に通っていた。近所に住む、労働《ワーキン》階級《グクラス》の子どもたちと一緒だった。学校では誰もが、もちろん先生も、チッタゴンの方言で話していた。

私の国では、子どもに教育を受けさせられるのは、学校に通わせる余裕のある家庭に限られていた。どのクラスにも、だいたい四〇人ほどの子どもがいた。小学校も中学校も男女別だった。

もし優秀な生徒がいれば、奨学金をもらってもっと有名な学校に行くための全国規模の試験を受けるようにと言われる。私の多くの旧友たちは、そういう道には進まなかった。

私たちの通っていた学校は、子どもたちによい価値観を植えつけてくれた。ただ学業成績をあげさせようとするだけではなく、市民としての誇りや、信仰心の大切さや、教養科目の重要性や、わが国の偉大なる詩人（ラビンドラナート・タゴールとカジ・ノズルル・イスラム）の詩や音楽を称賛すること、そしてもちろん、権威や秩序を守ることなどについても教えてくれた。

サラムと私は、本であれ雑誌であれ、手にとって読めるものならどんなものでも貪《むさぼ》るように読んだ。私は推理小説が大好きだった。一二歳の時に、自分で推理小説を一作品書いたことがあるくらいだ。

絶えず本を手に入れ続けるのは、たやすいことではなかった。読書したいという欲求を満たすために、私たちは本や雑誌を買ったり、借りたり、時には盗んだりした。その一例を挙げよう。私たちは、コルカタで発行されている《シュクタラ》という子ども向け雑誌が大好きだった。その雑誌では読者コンテストをしていて、コンテストの入賞者は見本誌をただでもらえることになっていた。雑誌には入賞者の名前のリストが掲載されている。

私は入賞者の一人の名前を適当に借りて、編集者にこんな手紙を書き送った。

編集部のみなさま

私は××といって、コンテストの入賞者ですが、今度住所が変わりました。私の分の見本誌を次の住所に送ってください。新しい住所はボクシラート通り、番地は……

私は決して正確な住所は記さなかった。もし雑誌が届いても父に見つかって没収されてしまわないように、隣の住所を書いたのだ。あとは毎月、見本誌が送られてくるのを油断なく見張っていればいいはずだった。だが、一度も送られてくることはなかった。

教科書とまじめに取り組む代わりに、私たちは何年間も自由に本を読み続けていた。小学校、中学校を通して、私はずっとクラスでトップの成績だった。

私たちは時事問題の最新の情報を手に入れることにも熱心だった。そのために、サラムと私は毎日、家から角を曲がったところにあるかかりつけのバニク先生の診療所の待合室に行って何時間かすごしていた。そこで先生が講読している何種類かの新聞を読んでいたのだ。

約二世紀の間、イギリスの支配下にあったインド亜大陸が、独立をなし遂げようとしていた。そして一九四七年八月一四日の真夜中、それはついに現実となった。

この時、〝パキスタン運動〟——イスラム教徒が大部分を占める東西パキスタンを、ヒンドゥー教国家であるインドとは分離して独立させることを求める動き——は活動の頂点に達していた。チッタゴンもパキスタンに含まれるに違いないということを、私たちは知っていた。東ベンガル（現バングラデシュ）では明らかにイスラム教徒が多数派だったのだ。しかし、イスラム教徒のベンガル人が多く住む他のムスリム・ベンガル地域の帰属は明らかではなかったし、インドとパキスタンとの正式な境界線もまだ決まっていなかった。

ボクシラート通り二〇番地の私の家には、友人や親戚たちが集まって、パキスタンは本当に独立するのだろうか、するならそれはいつになるのだろうか、ということについて、いつ果てるともない論議を繰り返していた。私たちはパキスタンがインドの領土によって分断され、西と東が一〇〇〇マイル以上も離れるという、世界で最も奇妙な形の国家になることを認識していた。

のちにバングラデシュとなった東パキスタンの面積は五万五〇〇〇平方マイルで、西パキスタンの六分の一の広さしかなかった。しかも国土の大部分は低い平地で、多数の川や運河、湖、湿地、沼地が入り組んでいた。あまりにも平らすぎて、海岸から一〇〇マイル内陸に入っても、海抜は三〇フィートに満たなかった。

父は敬虔なイスラム教徒だったが、多くのヒンドゥー教徒の友人がいたし、親しい親戚のなかにもヒンドゥー教徒が何人かいた（ニシ叔父さん、ニバラン叔父さん、プロフューラ叔父さん）。しかし、まだ子どもだった私でさえも、インドでは少数派であるイスラム教徒が強い不平や不満を抱いていることを知っていた。新聞やラジオでは、ヒンドゥー教徒とイスラム教徒との衝突や暴動が報じられていた。だが幸いなことに、チッタゴンではほとんどそういう事態は起こっていなかった。

私たちはみなインドからの分離独立を強く願っており、その心が揺らぐことは決してなかった。五歳年下の弟、イブラヒムは、言葉を話し始めたばかりだったのだが、彼の好きな白砂糖を「ジンナー・シュガー」、嫌いな黒砂糖を「ガンジー・シュガー」と言っていた（ジンナーはパキスタン運動の指導者で、ガンジーはインド亜大陸が単一国家として独立することを目指していた）。

母はジンナーやガンジー、それにマウントバッテン卿（一九四七～四八年にインド総督）の話を、いつも寝る前に聞かせてくれる愉快な教訓話や国の伝説に織り込んで話してくれたので、私たちは彼らを、実際の生活の一部分であるかのように身近に感じていた。

兄のサラムはまだ一〇歳だったが、すでに政治評論家のように振る舞っており、私にとっては情報源でもあった――今でもそうである。私は近所の年上の少年たちが、緑の地に白い三日月と星をあしらった旗を持ち、「パキスタン・ジンダバッド（パキスタンよ、永遠なれ)」を歌っているのがうらやましくてならなかった。

私は、そういったすべての夢と希望が現実のものとなった日のことを、まるで昨日のことのように思い出す。

私たちの家も、旗と、緑と白の花飾りで飾られた。目の前のボクシラート通りも隅々まで飾り立てられていた。市内のあらゆる場所が飾り立てられていたのだ。外に出ると政治演説の声が騒々しく響きわたり、それが「パキスタン・ジンダバッド」の歌声で何度も遮《さえぎ》られた。もう真夜中近かったが、家の前の通りは人であふれ、まるでそこが大きなリビングルームになったようだった。私たちは屋上に登って花火を打ち上げたり、他の人が打ち上げた花火を見ていた。花火が夜空いっぱいにはじけて広がると、通りに出てきていた近所の人々の姿が鮮やかなシルエットとなった。町中が興奮に震え、夜空は美しい色とりどりの花火で生き返ったようだった。

真夜中が近づいたとき、父は階下に降りて、私たちをボクシラート通りに連れ出してくれた。彼は政治活動家ではまったくなかったのだが、団結心を示すために「ムスリム・リーグ・ナショナル・ガード」に参加していた。その夜、父は誇らしげに「ガード」の制服を着て、独特のジンナー帽をかぶっていた。私より幼い兄弟や姉妹たちも――二歳のイブラヒムや、生まれたばかりの赤ん坊だったツヌーでさえ――その夜は私たちと一緒にいた。

ちょうど午前零時になると、電気が消され、町中が闇に包まれた。次の瞬間、明かりがつけられると、もう新しい国になっていた。

スローガンを叫ぶ声が何度も何度も繰り返された。チッタゴンのどこかしこからも――

パキスタンよ、永遠なれ！

この時、私は七歳だった。この時初めて私は心の中に民族の誇りを持ち、同胞に対する強烈な意識を感じるようになった。

後に、それ以上のものが起こるのだった。

4　少年時代の情熱

モンタツ、サラム、私、イブラヒム、ツヌーに続き、母は四人の男の子を産んだ。それがアユブ、アザム、ジャハンジール、モイヌだ。

　しかし、私が九歳になったとき、私の愛する母は、わけもなく怒りっぽくなった。母の振る舞いは日に日に異常なものになっていった。私の家族の人生を左右する要素となった、母の精神的な病の最初の兆候だったのだ。

　それは年を追うごとにはっきり現われるようになった。落ち着いている時期には、母は支離滅裂なことを言ったりしていた。何時間も座って祈りを捧げたり、本の同じページを読み続けたり、何度も何度も一つの詩を繰り返し暗誦《あんしょう》したりしていた。最初、われわれ子どもたちは、なぜ母が神がかりのような状態になってしまうのか、よく分からなかった。もっと取り乱す時期になると、彼女は大声で他人を侮辱しはじめた。時には汚い言葉を使うことさえあった。近所の人や、友人や、家族の一員に対して、暴言を吐くこともあった。政治家を相手にしているつもりらしい時もあったし、ずっと昔に亡くなった人を相手にしゃべっている時もあった。彼女は敵だと思い込んだ相手を侮辱し、予告もなくいきなり暴力をふるうことさえもあった。

私たちにとって、これは悪夢だった。大人であれ子供であれ、母は見境もなく攻撃した。たいてい、彼女の攻撃の対象となっていたのは父で、父はそれにじっと耐えていた。私たちは母が夜の間、どのような状態なのか知らなかった。寝ている間は取り乱さずに平和な状態なのか、それとも感情を爆発させて叫んだり暴れたりしているのか、私たちには分からなかった。だが昼間、彼女が暴れている時には、私たちは父が母を抑えるのを助けにいった。そして、幼い弟や妹たちが母に殴られたり、母が投げつけるものに当たらないよう、彼らを守っていた。そんな恐ろしい状況が通り過ぎると、彼女はすばらしくやさしくなり、幼い子どもたちの世話をしながら、できる限りの愛を私たちに注いでくれた。

状態が悪くなるにつれ、母は私たちが学校に通ったり勉強していることを忘れてしまった。私たちが何をしているのかも分からなくなった。

私たちは体を張って母を抑えつける一方で、母の苦しみをやわらげる治療法を見つけようとしたが、そのために母が受けなければならなかった苦難は、家族の中にまた新たな苦悩をもたらすことになった。父はあらゆることを試した。国中の進んだ治療法を試すために大金を費やした。母の母親と二人の姉妹も同じ精神病にかかっていたので、私たちはそれは先天的なものに違いないと考えた。しかし、その原因を特定できた医者はいなかったので、子どもたちが誰もその病気にかかっていないことに感謝するしかなかった。

父は失望し、正統的な医学的治療ではないものにすがるようになった。魔術、呪文、占い、催眠術さえもやってみた。母はどの施術にも協力しようとはせず、結局はどれも効き目がなかった。中にはひどい苦痛を与えるだけのものさえあった。

しかし、私たち子どもにとって、それらは興味深いものであった。のちに有名になった心理学者が母に後催眠暗示をかけているのを見た後には、私たちはお互いに催眠術をかける真似をして遊んだ。彼女を救う方法をさぐるうちに、ある医師が鎮静剤を大量に処方してしまい、そのため母はアヘン中毒になってしまった。

しだいに、私たちは母の状態をあきらめて受け入れるようになった。私たちは母の助けなしに生きていくことを学んだのだ。母の妹の「おばちゃま《アンティー》」とモンタツが、私たちの母代わりをすることになった。結局、私たちはそういった困難も、悲しみをより耐えやすくするために、ある種のユーモアで受け止めるようになった。

私たちが「天気予報はどうだ?」と尋ねる時、それは数時間後の母の気分をどう予想するかを意味していた。彼女がおとなしくなると決まって、その後で嵐や高潮が来ることに私たちは気づいていた。誰かの名前をうっかり呼んでしまって、そのために母を刺激して新たな暴力的な発作を起こさないように、私たちは家族全員にコードネームをつけていた。「二号」「四号」といったようなものだ。コードネームが定着してからは、大人も子ども も、必要ないときにもそれで呼ぶようになってしまった。弟のイブラヒムは一〇歳のときに陽気な寸劇を書いたが、そのなかで、彼は私たちの家を「ラジオ局」と呼んでいた。そこでは「放送中《オン・エアー》」の母が、さまざまな口調で説教を「伴奏」のように流し続けていた。

このような悲しい現実の生活のなかで、いちばん光り輝いていたのは父であった。父はこの状況を慈悲の心と不屈の精神とで受け入れ、すべての混沌を家族の普通の姿に作りかえてしまったのである。父はあらゆる手をつくして、母に愛に満ちた世話をした。それは母が亡くなるまで、それから三三年間ずっと続いた。

父は以前と何も変わらない態度で母に接していた。まるで母が一九三〇年に結婚した当時の、まだわずか二二歳だったソフィア・カトゥンのままであるかのように。そして父は、私たちにも同じように振る舞うよう命じた。父は母と結婚してから母が一九八二年に亡くなるまでの間、五二年間にわたってずっと、母に忠実でよき夫であった。

母の病気のせいで、父はずっと二つの役割を果たさなければならなかった。あらゆる意味で父親であり、同時に母親でもなければならなかったのだ。結局、父は何も解決することはできなかったが、子供の教育には最高だったと思う。

私たちは父のおかげで大きくなったのだと思う。

父は私たちの教育にそれほどお金をかけようとはしなかった。のちに私たちを外国に行かせてくれたとはいえ、父は私たちに極端に質素な生活をさせ、わずかな小遣いしかくれなかった。

かつて本や雑誌を求めた以上に、サラムと私は新しい趣味や興味を追い求めるようになった。映画を観たり、外食をしたいと思うようになった。外食に関して言えば、あまり上品な趣味を持っていたとは言えなかった。私の好物はフライド・ポテトやロースト・ポテトで、タマネギをいっぱい付け合わせにして、ビネガーをつけて食べるのだ。私たちはいつでもこういう料理を、家の先の角を曲がった路上で、ジャスミン茶か紅茶を飲みながら食べていた。それは途方もなく高いものではなかったけれど、いくらかの金は必要だった。父はそんな私たちの興味に関しては何も知らなかった。

私はチッタゴン県のすべての高校を対象として行なわれた奨学金試験に合格したので、毎月奨学金を受けていた。これで私の小遣いは少し増えたのだが、それだけでは十分でなかった。私は父が息子を単純に信用していることにつけこんで、必要な現金を店の売上に求めた。一日でいちばん店が忙しい時間、父はよく店の手伝いを求めていた。私は自分から進んで、できる限りその役を受けた。そうして、父が小銭をしまっていた引き出しからコインや小切手をくすねた。

こうやって横領した金はそうたいした額ではなかったが、私の控えめな要求に見合うだけの蓄えを築き上げるには十分なものだった。

父はこのことに決して気づかなかった。


サラムと私は初めてのカメラを買った。それは単純な箱型のもので、私たちはどこへ行くにもそれを持っていった。

私たちはプロの写真家のように、どういうものを撮ろうかと計画し、下調べをした。ポートレイト、通りの光景、家、お祭り、屋根の上から見た自然など、いろいろ撮りたいものがあった。このときの私たちの仲間は、「ミステリー写真館」という私たちの企みにふさわしい名前のついた、家の近くの写真館の主人だった。彼は私たちが暗室に入り、撮影した白黒フィルムを自分たちで手さぐりで現像し、焼きつけるのを許してくれた。私たちは特別な効果をつけてみたり、時には写真に彩色することにチャレンジしてみた。結局、私たちはもっと上等の伸縮式カメラを買った。カメラのおかげで、私たちは世界を見る新しい方法を知ることになった。

私は、絵画にも興味を持つようになった。友人とともに、私はある有名な商業的に成功した芸術家の見習いになった。私たちは彼のことを「導師《ウスタッド》」と呼んでいた。イーゼルやキャンバス、パステルを家に持ち込み、父には絶対に気づかれない場所に保管していた。敬虔なイスラム教徒である父は、人間の姿を描いたりして新たに作り上げることはイスラムの教義に反すると信じていたからである。そして同時に、父は私たちに、もっと勉強をしてほしがっていたのだ。そういうわけで、私たちの特別な課外活動は、秘密裡に行なわれなければならなかった。芸術好きだった叔父や叔母が、共謀者となって、私を助けたり、勇気づけたりしてくれた。

こうした趣味を通じて、私たちはグラフィックやデザインに対する関心を膨らませていった。サラムと私はまた、切手のコレクションも始めた。そして近所の商店主たちに、切手を売るためのショーケースを店先に置いてもらうのを許してもらった。

私は二人の叔父と一緒に映画館に出入りするようになった。観たのはヒンディー映画とハリウッド映画だった。フォークソングも歌い始めた。夢のようなロマンティックな気分に浸っていたのだ。私たちは「私の心へおいで、一緒にどこかへ行こう」という歌をうたっていた。

チッタゴン高校が、私の視野を最初に、そして最も大きく変えてくれた。この高校は、まさに世界主義的《コスモポリタン》な雰囲気に包まれていた。クラスメートは、あちこちの県から移ってきた政府の役人の息子たちだった。彼らは私がこれまで付き合っていた友だちよりもずっと都会的だった。その多くは親と同じように政府の役人になり、高い地位につくことになる人々だった。

　そこは国内で最も進んだ教育が行なわれていた学校の一つだった。しかし、私がそこで熱中したのはボーイスカウトだった。ボーイスカウトは、私の多くの課外活動の中でも中心的存在になった。他の学校の少年たちと一緒に訓練《ドリル》やゲーム、芸術活動、ディスカッション、田舎でのハイキング、キャンプ生活、キャンプファイアーを囲んでのいろいろなショーや大きな集会など、実にさまざまなことをした。「稼《アーニング・》ぐ週《ウィーク》」には、私たちは商品を売り歩いたり、靴を磨いたり、紅茶の売店の売り子として働いたりして、お金を稼いだ。こうした楽しい経験の一方で、ボーイスカウト活動は私に、さまざまなことを教えてくれた。志を高く持つこと、情熱を持つこと、表面的なしきたりにとらわれるのではなく心の内面で信仰心を持つこと、仲間を励まし、助け合うこと、などである。

　ボーイスカウト活動に打ち込んでも成績は落ちなかったので、父は私のさまざまな課外活動を認めてくれるようになった。父は私がボーイスカウトで冒険に行くとき、必要な資金をすべて出してくれた。父は私に揺るぎない信頼を寄せるようになり、のちに私がどんなに冒険的な事業を始めようとした時でも、全面的な支援をしてくれた。

　一九五三年、私はパキスタンで初めて開催された国際ボーイスカウト・ジャンボリーに参加するために、電車でインド亜大陸を横断する旅をした。その時のことは今でもはっきりと憶えている。私たちは重要な史跡や遺跡を巡って歩いた。その旅は、私たちの歴史をひもとくタイムトラベルとなった。まるで、私たち自身に出会うための巡礼者になったかのようだった。

旅の間中ずっと、私たちは歌ったり騒いだりしていたのだが、アグラのタージ・マハルの前に立った時には、そういうわけにはいかなかった。私たちはそこで、この旅に協力してくれた校長のクワジ・シラジュール・ハクが、静かにむせび泣くのを見た。彼は生徒から愛されていた。彼が流した涙は、目の前にあるモニュメントに対してでも、そこに葬られた有名な王の妻のためでも、白い大理石に刻んである詩を読んだからでもなかった。彼はこう言った――自分が涙を流したのは、私たちの運命のためであり、私たちがこれからも背負っていかなければならない歴史の重みのためである、と。そして、それがどうなるのか分からないのだ、と。

当時、まだ一三歳だった私は、彼の情熱と想像力に強い影響を受けた。のちに私の友人となったクワジ・サヒブは、私の思想の基礎を築いた人物であり、私の人生の師であった。彼の励ましがあったからこそ、ボーイスカウト活動は私の他の活動と一体となったのである。私はそこで自然にリーダーとなり、クワジ・サヒブは私に模範を示させるようになった。私は人生でずっと付き合っていける友人の多くをそこで作った。そのなかには、のちにグラミンで一緒に働くようになったマハブーブなどがいる。

クワジ・サヒブは私の想像力を充電してくれた。彼は私たちを導き、崇高で道徳的なものを与えてくれた。彼はいつでも志を高く持つことを私たちに教え、私たちの持つ情熱や、私たちが抱えている不安に、つねに関心を向けてくれた。彼はそういうことを何か例を挙げて教えるのではなく、事実そのものを通して、また、心と心のコミュニケーションでもって教えてくれた。彼の教えは、今日にいたるまでずっと私に影響を与え続けている。

一九七三年、バングラデシュは独立戦争の後の混沌とした時代を迎えていた。私は父と弟のイブラヒムと一緒にクワジ・サヒブのもとを訪ね、その混乱と、混乱をくぐり抜けて私たちが生きていくことの難しさについて話し合った。クワジ・サヒブは、そのときすでにひ弱な老人だったのだが、それから一ヵ月後、寝ている間に召使に無残にも殺された。ほんのわずかな金を奪うためだった。騒然とした時代だったから、犯人はついにつかまらなかった。彼を慕っていた多くの者たち同様、私も彼の死に打ちのめされた。

私は過去を振り返り、彼がタージ・マハルで涙を流していたのは、彼自身とバングラデシュ国民を襲う悲運を予感したからに違いないと悟った。

5 アメリカ留学（一九六五年〜一九七二年）

思い出せる限り昔から、私は自分をずっと教師のような立場だと思ってきたので、今でもそうなのではないかと思ってしまうことがある。弟たちによれば、私は彼らを教えるのが好きで、彼らに学校でトップの成績をとれと強く言っていたそうだ。もしトップの成績をとれなかった時には、私のところに来て、なぜできる限りのことをやっているのに一番になれないのかを説明しなければならなかったそうだ。

二一歳のとき、大学を卒業するとすぐ、私は母校チッタゴン・カレッジで経済学の教員の職を得た。この大学はイギリスが一八三六年に創立したもので、亜大陸で最も信頼度の高い学校の一つであった。私はそこで一九六一年から六五年まで教えた。学生はほとんど自分と同じくらいの年齢であった。

この期間、私は自分の起業家としての適性を試していた。ある時私は、自分たちが使っている包装のための素材を、すべて西パキスタンから調達しなければならないことに気づいた。というのも私たちの住む東パキスタンには、箱や包装紙などを作る余裕がなかったのだ。そこで私は父を説得し、包装素材と印刷の工場を作ることに同意させた。私はそのプロジェクトの企画書を準備し、政府が設立した工業銀行に融資を求めた。当時、工場を作るために投資しようというベンガル人起業家はほとんどいなかった。私たちへの融資はすぐに認められた。私は一〇〇人の労働者を抱える包装素材と印刷の工場を作るために、あらゆる努力をした。これは結局、とても魅力的な利益を稼ぎ出す、成功したプロジェクトとなった。

お金を稼ぐことが主要な関心事だったのではない。私はビジネスの世界で生きようと思っていたわけではないからだ。だが、包装素材工場の成功は、私自身と私の家族にとって、もし私が望めば起業家として成功できるということの証明となった。

設立した会社では、父が役員会を束ねる会長となり、私は社長として経営責任を負った。父は銀行から資金を借りることを非常に嫌がっていた。父は商業的信用など信じない昔の学校で学んだからなのだ。銀行からの借金返済がまだ済んでいないことに父はとても神経質になり、悩んでいたようで、私に早く借金を返済してしまうようにと言った。私たちはそのビジネスを立ち上げたばかりだったから、支払期日になる前に借金を返さなくてもよかったのだが。借金を返しにいった時、銀行から紙の工場を作るために一〇〇〇万タカの資金を融資しましょうと言われたのだが、父は聞く耳を持たなかった。
当時、包装素材産業の一大拠点となっていたのは西パキスタンのラホールである。だが、私はベンガル愛国者だったし、東パキスタンに工場を建設すればもっと安く生産できることが分かっていた。私たちが作るものには、次のものが含まれていた。

たばこの包装紙
箱
段ボール箱
化粧品の箱
はがき
カレンダー
本

この経験で、私は大きな自信を手に入れた。お金の心配などしなくてもいいという、いかにも若者らしい私の信念を裏づけるものだったからだ。私は半分は教員としてすごし、残りの半分の時間は起業家として過ごしていた。

私は本当に教えることが好きだ。だから、フルブライト奨学金をもらってアメリカで博士号を取らないかという話にすぐさま飛びついた。

それが私の三度めの海外渡航となった。前の二回はボーイスカウトの世界ジャンボリーに行くためで、最初は一九五五年にカナダのナイアガラで行なわれた大会、そして次は一九五九年、フィリピンの大会と日本に行った。しかし今度は、私は大人として、自分の力で行くのだ。一九六五年の夏、私はボールダーにあるコロラド大学のキャンパスに到着し、そこで本当にすばらしい経験をした。

バングラデシュでは、教授は学生たちからとても尊敬されていて、教授をファーストネームで呼ぶ学生などいない。また、教授になれなれしく話す者など誰もいない。学生が教授と話すのは、教授が学生に話すように求めてきた時だけだし、しかも話す時にはできる限りの敬語を用いることが当たり前だった。しかしアメリカでは、教師は自分を学生の友人であり、手助けする人間であると考えている。私はしばしば、学部の教授たちと学生たちが一緒に芝生の上で裸足になって寝ころんでいるのを見た。それだけでなく、教師と学生とが、食べ物を分け合ったり、冗談を言い合ったり、お喋りをしたり、互いをファーストネームで呼び合ったり、互いの家に招待し合ったりしていた。そういった家族的な雰囲気は、バングラデシュでは到底考えられないことであった。

そして、コロラド大学には若い女子学生が大勢いて、とてもシャイだった私は、どこを見たらいいのかすら分からないほどだった。チッタゴン・カレッジでは、女子学生はまだまだ少数派だった。八〇〇人ほどの学生のうち、一五〇人にも満たなかった。それに、女子学生はとても差別されていた。学生運動をはじめ、さまざまな活動への参加が制限されていた。たとえば、学校で演劇を行なう時も、女子学生は舞台に上がることを許されていなかったので、女性の役は女装して化粧をした男子学生が演じていた。女子学生たちはたいてい、男子学生が入れない「女子談話室」に閉じこもっていた。

私がチッタゴン・カレッジで教えていた女子学生は、極端に奥手な子ばかりだった。授業の時間になると、彼女たちは一団となって、教師休憩室の外で立って待っていた。教師はそこから出てきても彼女たちには挨拶もせず、ちらりと顔を見る程度で、教室に向かって歩きだす。彼女たちは教科書を抱えて、男子学生の視線を避けるかのように、うつむきながらその後を追うのだった。教師への尊敬の念から、彼女たちに干渉したり、話しかけたりする男子学生は一人としていなかった。

女子学生たちは教室でも男子から離れたところにまとまって座った。男子学生の中に入ろうとする者はいなかった。教師である私も、彼女たちに質問をすることは避けていた。男子学生たちの前に出なければならなくなると困ってしまうだろうと思ったからだ。にもかかわらず、私のやり方は、すべての学生に知られるところとなった。私は毎年、学年のはじめに、学生たちと個人的に親しくなれるように、全員の名前を暗記するのだ。授業が終わると、女子学生たちは再び私の後ろに一列に並び、それぞれしっかりと教科書を胸に抱えて、また地面を見つめて歩いていく。私は彼女たちと、どんなことがあっても教室の外では話さなかった。

つまり、私は女性との接触を避けようとするあまり、女性を完全に無視するような態度を取っていたのである。

だから、一九六五年の夏、アメリカに到着した私の驚愕ぶりを目に浮かべてほしい。キャンパスにはロック・ミュージックが流れ、活気にあふれていた。女子学生は靴を脱いで芝生の上に座り、肌を焼いたり、笑ったり、話したりしていた。女性となるべく接触しない社会で暮らしてきた私には、勇気を出して彼女たちに話しかけるなど、とうていできなかった。彼女たちの姿を見るのがやっとだったのだ。

この頃、アメリカ人は麻薬をやりはじめたばかりだった。酒はいたるところにはびこっていた。私は酒には触れたことさえなかった。特別の努力をして酒から遠ざかっていたわけではなく、シャイな性格だったので、パーティーなど、酒が出そうな場所に行けなかっただけなのだ。だからといって、ただひたすら勉強したわけではない。私はアメリカの本当の姿を発見することに熱中していたのである。

ダッカにテレビが登場したのは一九六四年のことだった。アメリカに行くまで、私はテレビというものを、ダッカの友人の家で一度見たことがあるだけだった。しかし、合衆国で暮らしはじめるとすぐ、私は毎日テレビ漬けになった。私は《シックスティ・ミニッツ（六〇分間）》というドキュメンタリー番組が好きだった。だが、そういう真面目な番組ばかりではなく、くだらないコメディもたくさん観ていた。《アイ・ラヴ・ルーシー》《ギリガンズ・アイランド》《ホーガンズ・ヒーローズ》などだ。私はテレビというばかばかしい箱が大好きだった。私はその箱を観ている間は、はっきり話したり、ものを考えたりすることができることに気づいた。ところが、一度テレビを消してしまうと、私はちっとも仕事が手につかなくなる。それは今もってそうなのである。

ちょうどベトナム戦争の真っ最中だったので、ごく自然の成り行きとして、私は他の外国からの留学生と一緒に反戦集会や反戦デモに参加していた。しかし、私は内気な態度を取り続け、一度も演説をしたりはしなかった。

じつは私は、チッタゴン・カレッジの学生だった一六歳のとき、カレッジ内部で組織された「統一学生進歩党」の書記長に選ばれた経験がある。この党はチッタゴン・カレッジの学生自治会における最有力団体だった。私たちは、人々の宗教心を利用していた抑圧的で保守的な当時の政府のやり方に反対していた。組織図的には、私たちの党は、高度に組織化された非合法の極左秘密政党の末端組織だった。だが私は、彼らの命令に従うつもりなどまったくなかった。

中央委員会のメンバーの支持をとりつけて私はクーデターを計画し、私たちをあやつろうとしていた極左政党の党員たちを大学から追い出した。総代表になることは誇りとなるものだったが、現状を変えるためにその地位を利用したため、私は学生運動の中に政治的な爆弾を持ち込んでしまった。事件の余波はチッタゴン県全土に広まった。それ以来、私はいつでも独自のコースを歩み続けることにしていた。だからアメリカでも演壇に立つことは避けたのだった。

アメリカにいる間中、私はベトナム戦争に反対する意見を表明していたが、つねに新しいものを受け入れようと努めていた。ただ単に時流に流されて発言したり、集団思考にごまかされないようにしていた。

ボールダーのキャンパスで私が一番好きだったのは、学生センターだった。私はそこでよく時間をつぶしていた。学生たちが行き交い、お喋りしたり、大声で笑い合ったり、食事をしたりするのを見てすごした。学生たちのなかには、おかしな身なりをしている者もいた。アメリカの若者たちは強く、健康的で、バイタリティーにあふれているように見えた。

左翼思想を持つベンガル人の友人たちは私を嫌っていた。私がアメリカに好感情を抱いているからだった。しかし、私はそんなことは気にしなかった。ダッカは反米感情に満ちていた。大学の学生たちもみな、アメリカ人を汚い資本主義者と呼び、こう叫んでいた。

「ヤンキー、ゴー・ホーム！」

しかし、私は故郷の友人たちにこう手紙を書いた。

合衆国は美しい国です。私がもしここへ来てこの場所を見ず、個人の自由を存分に味わうという体験をしなかったなら、私の人生は満たされないものになっていたことでしょう。

私は楽しかった。勉強も順調に進んでいた。スクエアダンスを習う時間さえあったほどだ。しかし、私がやってみたのはスクエアダンスまでで、ツイストやロックンロール、スローダンスなどにはチャレンジしなかった。私が見たところ、他の学生たちはそういうものがとても上手だったが、私はまったくだめだった。私にはごく基本的な動きさえできなかった。だから私は、踊ったりどんちゃん騒ぎがあるようなパーティーには近づかないことにしていた。

私は他の人たちがワインやビールや、その他の強い酒を飲むのを、ただ見ているだけだった。酒を飲む人間が必ずしも悪い人間ではないことは理解できたが、それでも私自身は酒を受け入れることができなかった。私には酒を飲みたいと思う気持ちがちっとも起こらなかったのだ。

毎日の小さな出来事が、私の心の中で今でも強く印象に残っている。ボールダーのあるレストランでの体験は忘れることができない。ウェイトレスが「ようこそ、私はシェリルです」といって、私ににこやかに微笑みかけ、氷がたくさん入った水のコップを渡してくれたのだ。南アジアの国々では、そんなふうにオープンに、率直な物言いをする人は誰もいなかった。

そのとき一緒にいた学生たちの中には、西パキスタンや南米、アフリカからの留学生もいたのだが、みんな「ねえ、かわい子ちゃん」と話しかけたりして、懸命にシェリルの気を引こうとした。彼女のほうでもそんな戯れに気づいて、冗談で応じていた。私はあっけに取られた。もちろん、私も同じようにすればよかったのだけれど、私は彼女の瞳を見つめることさえ恥ずかしくてできなかったのだ。他の学生たちがこんなふうに振る舞っているのを見るのは、いたたまれない気持ちだった。

アメリカでの食事に関して言えば、フレンチフライやビーフバーガー、ポテトチップやケチャップなどが好きになったとはいえ、正直なところ、私はアメリカの料理に心からうんざりしていた。母が昔作ってくれたスパイシーな料理が恋しかった。世界中のどんなものよりも、米やレンズ豆の料理、ベンガル風の砂糖菓子が食べたかった。

シェリルが私に尋ねた。「卵はどうします？」

「どういう意味ですか？」

「目玉焼き、スクランブルエッグ、かたゆで、ポーチドエッグ、オムレツ、どれがいいかしら？」

「目玉焼きにしてください」

「どんなふうに焼いたらいいかしら？」

「どんなふうに焼いたらいいかって、一体どういうことですか？　さっき言ったじゃないですか」

「片面焼き、それとも両面焼き？」

「どっちでもいいよ」

仲間たちは誰も手助けしてくれなかった。そして、私がてきぱきと決められないことを笑いながら、シェリルに対して、東ベンガルでは人々はこういうことをしないのだと説明しようとした。

「それじゃあ、片面焼きにしてくれ」私はようやく言った。自分の優柔不断さと、公衆の面前で恥をさらしたことに困惑しながら。

「よく焼いた方がいい？　それとも、半熟？」

「どっちでも」

「トースト、マフィン、ロール・パンのどれにします？」

「どれでもかまわない」

「付け合わせも選べるのよ。フライ、ハッシュブラウン、マッシュポテトの中から選んでね」

私は少し考えた。彼女は周りにいる人たちの前で私がもっと馬鹿げた人物に見えるようにするために、こんなことをしているに違いない、と。しかし、私はすぐに悟った。これがアメリカのやり方《アメリカンウェイ》だ——この国では、永遠に選び続けなければならないのだ。

「ソーセージ、ハム、ベーコン、どれにします？」

リストは限りなく続いていった。私がてきぱきと決められず、赤面して困っているのを仲間がからかうので、私は叫びたくなった——僕は卵くらい、自分で好きなように料理する、と。

しかし私は、質問の嵐にさらされても文句一つ言えないほど礼儀正しく、奥ゆかしかった。私はついに最後まで、アメリカ流のオープンさに完全に順応することはできなかった。私は自信をなくし、レストランを嫌がるようになった。

ボールダーでの夏が終わり、美しいキャンパスが日の光でいっぱいに輝き、さまざまな国から来た学生たちと友達になった頃、私は奨学金を出してもらっている財団から、テネシー州のヴァンダービルト大学に行くように言われた。ここで私は、全く違う経験をすることになった。ナッシュビルに到着した時、私はひどく失望して、涙がこぼれそうになった。小さな空港はとてもみすぼらしく、キャンパスもあの楽しかったコロラド大学とは似ても似つかなかった。広大で眺めもよかったボールダーで過ごした後では、この町はちっとも魅力的には思えなかった。

当時のヴァンダービルト大学は、ちょうど人種差別が廃止されたばかりで、私がよく行った〈キャンパス・グリル〉という小さなレストランも、たった六カ月前までは白人専用だった。外国からの留学生はほとんどおらず、ベンガル人など一人もいなかった。私は寂しくてホームシックになった。冬は寒いのだが、そんな準備も全くしていなかった。私が住むことになったウェスレー寮は本当にひどいところで、私はすぐにそこを「ウェスレー牢」と名づけたくらいだ。そこはとても古く、臭く、暖房のパイプが一晩中ゴウゴウと唸りをあげ、ガタガタ音をさせていた。シャワー室も旧式で、仕切りもなかった。私には見知らぬ人の前で服を脱ぎ、シャワーを浴びることなどとてもできなかった（今でも、そういうのはショックだろうと思う）。そこで私は、シャワーのときには「ルンギ」を着ることにした。それは長いスカートで、腰から下を隠すことができるのだ。バングラデシュでは、お風呂に入るときにはみんなそれを着るのである。

私はその年、ヴァンダービルト大学で唯一のフルブライト留学生であった。最初の学期はとてもつまらないものだった。私は経済開発論のコースを履修することになったのだが、それは修了時に准修士号《ライト・マスターズ》しか与えられないものだった。私はすでに正式な修士号を取っていたのだ。ヨーロッパ史のある先生など、私に単位をあたえなかった。私が彼の言ったことを正確に繰り返さなかったためだった。

その後、幸運なことに、財団は私が上級の経済学コースに進学できるよう申請してくれ、私は博士号コースに移ることができた。私がその間ずっとヴァンダービルト大学にとどまっていたのは、ニコラス・ゲオルグシュ＝ローゲンという名の有名なルーマニア人の教授との付き合いがあったからだ。

彼はキャンパス内では、ひどい成績をつけることで恐れられている人物だった。彼は多くの学生を落第させていて、「彼が普段よりも礼儀正しい態度で接するようになったなら、それは『きみを落とした』という意味だ」と広く言われていた。彼からB以上の成績をもらった人はほとんどおらず、そんな学生がいると、学生たちは陰で「あいつ、ゲオルグシュ先生からBをもらったらしいよ」と囁き合った。彼は今までに一度だけ韓国人の学生にAをつけたことがあったが、それは彼の人生では唯一の出来事とされていた。

ゲオルグシュ教授はたくさんの学生の人生を破滅させているという噂がキャンパスには広まっており、学生たちの中には、あえて彼に近づこうという者はいなかった。だが私にとって、この非常に気難しく、覚えるべきことをマスターしないと決して許さない先生に出会ったのは、とても幸せなことだった。彼は、私が今まで出会った中で最高の教師だったと思う。

私はゲオルグシュ＝ローゲン教授の二時間の講義を聞いて、それまでの自分が、ただ単

ビ局や新聞社の記者と接触すること、(2)闘争資金を作るために、各自が一〇〇〇ドルを出資すること、(3)バングラデシュが独立を果たすまで、毎月その資金として給料の一割を差し出すこと。必要であれば増額することもありうる。

全員が小切手帳を引っ張り出し、小切手を書いた。小切手帳をもっていない人は最初の一〇〇〇ドルを他の人から借りた。

翌日、私たちは地元のテレビと新聞の取材を受けた。私は〈バングラデシュ市民委員会〉の事務局長兼スポークスマンとして、それまで国際的ニュースなど扱う機会がなかった地元の三つのテレビ局の記者たちを相手に、現地の最新情報を交えながら語った。彼らはとても好意的だった。

夕刻、私たちは再びジラー医師の家に集まって、夜のニュースを見た。思った通りだった——私たちはとても重要に扱われていた。地元のニュースの間中、私へのインタビューが繰り返し放送された。記者が質問する。「テネシー州のみなさんに、何かメッセージはありますか?」「ええ、あります」私は答えた。「みなさんの選んだ上院や下院の議員に、すぐにパキスタンへの軍事支援をやめるようにと手紙を書いてください。あなたがたの武器や弾薬が、バングラデシュの罪もない非武装の市民を殺しているのです。パキスタンがバングラデシュでの虐殺をやめるように圧力をかけてほしいと、大統領に頼んでください」

私たちは合衆国にいる他のベンガル人の動向を知ろうとして、パキスタン大使館で働くあるベンガル人の役人に連絡を取ることにした。大使館で二番目の地位にあるエナイェット・カリム公使である。電話をかけた私に、彼は重大なニュースを教えてくれた――パキスタン軍の弾圧に反対するデモが、三月二九日にワシントンの連邦議事堂前で行なわれるだろう、ということだった。彼は私たちもそれに参加するよう熱心に勧めてくれた。彼によれば、ニューヨークから多くのベンガル人がやってくるから、そこで情勢を話し合うことができるだろうということだった。

私たちはそのデモについて話し合った。仲間の医師たちは行けないという――彼らには病院での仕事があるからだった。私は自分が行くと言った。旅費も自分で負担することにした。ワシントンに行けば適切な使い道が決められるかもしれなかったので、みんなで出し合った六〇〇〇ドルを持ってゆくことにした。

だが、ワシントンではどこに滞在すればいいのだろうか？　私には知り合いなどいなかった。そういえば、エナイェット・カリムは好意的な人のようだった。私は彼にもう一度電話して、明日そちらに泊めてほしいのだが、いいだろうかと尋ねた。彼は私の頼みを受け入れてくれ、こう言った。

「今すぐ来たまえ」

彼の寛大さには驚かされた。彼は私のことなど知らないのに、この危機的な状況が私たちすべてのベンガル人を結びつけているのだ。私たちは突然、一つの大きな家族になったのだ。

その夜、真夜中まで、私たちはジラー医師の家でラジオを聴き続けていた。逃走していたムジーブがチッタゴンの鉄道駅で逮捕されたというニュースが入ってきた。私たちはそのニュースを聴いて涙を流した。その時まで、私たちは彼がどこかの地下壕から指令を出して国民を独立に導くという期待を抱いていたのだ。ベンガル人が必要としていたのは、ラジオから彼の声が流れてきて、彼の生存を証明してくれることだけだった——パキスタン軍がどんなに優れた装備を持っていたとしても、彼の声に対抗できるはずなどないのだから。

パキスタン軍は彼をどうしようというのだろう？ ダッカに連れ戻し、銃殺するのだろうか？ 絞首刑にするのだろうか？ 拷問にかけて殺すのだろうか？

三月二八日、重苦しい気持ちと、心に浮かぶさまざまな疑問を抱いたまま、私は朝早くマーフリースボロを発ち、午後にはエナイエット・カリムの家に到着した。家族全員が私を歓迎してくれた。カリム夫人は私のためにすぐに食事の用意をしてくれた。彼女がチッタゴン出身だということが分かり、私たちはすぐさま親しくなった。

私は家族同様の扱いを受けたが、それは驚きだった。これまでの経験からすると、政府の役人はあまり一般の市民とは親しく付き合わなかったからだ。次に驚いたのは、そこで活発な意見の交換が行なわれていることだった。電話がひっきりなしにかかってきた。ワシントン市内からの電話もあれば、世界各地のパキスタン大使館からの国際電話もあった。ベンガル人外交官たちは新たな政治状況に対応するために、ワシントンと連絡を取り合っていた。いろいろな人がメッセージや質問を携えては、家にひょっこりやってきた。にぎやかな家だった。

私を興奮させたのは、その家の雰囲気だった。そこはまるで、すでに独立したバングラデシュの一部のようだった。その家にいる人々の心の中には、もはやパキスタンなどかけらも残っていなかったのだ。

そんななか、私は真剣な面持ちの男性が、何か懸命に書き続けているのに気づいた。彼はS・A・カリムといって、パキスタンの国連代表部の一員で、その朝ニューヨークから到着したばかりだった。彼は世界中の政府首脳に宛てた、バングラデシュでの虐殺行為をやめるようにパキスタンに圧力をかけることを求める声明文の草案を書いていた。でき上がったその声明文は、見事なものだった。

夜になる頃には、もっと大勢の人が集まってきた。ベンガル人の役人とその家族たちはみな、思い思いの時間にエナイェット・カリムの家を訪ねてきた。ある人はバングラデシュにいる家族のことを心配し、ある人はダッカの状況について、ある人はこれから何をすべきかについて、より多くの情報を得ようとしていた。

シャムスル・バリが到着した。シカゴ大学でベンガル語を教えていた彼は、大学時代から、私とは知り合いだった。独立戦争がきっかけで私たちは親密な仲になり、戦争が終わるまで私たちはずっと一緒に活動することになった。そしてもう一人、新たな顔ぶれが現われた。まだ合衆国に来て一年も経っていないというコミラ出身の若い医師、ハッサン・チャウドハリーだ。ミズーリ州で暮らしていたハッサンは、私同様ワシントンに知り合いがいなかったので、エナイェット・カリムを頼ってきたのだった。祖国での出来事のせいで、シャムスル・バリ、ハッサン・チャウドハリー、そして私の三人は、カリム公使の家に集まることになった。その夜私たちは、状況を分析したり、翌日の計画を立てながらすごした。まずS・A・カリムが書いた声明文をすべての大使館に届ける。次に、連邦議事堂前でデモ行進を行なうのだ。

翌朝、私は、誰かが家の中で叫んでいるのを聞いて目を覚ました。誰が、誰に向かって、一体なぜ叫んでいるのか知りたいと思って、私は急いで着替えを済ませて、叫び声が聞こえてくる部屋へ行ってみた。七時を回ったところだった。背の低い、痩せて顎ひげを生やした男が、声の限りを尽くしてカリム公使を怒鳴りつけているのが見えた。公使は黙って腰を下ろし、相手の言葉を聞いていた。そこは狭い控えの間で、ほかに五、六人の男がいて、ぎゅうぎゅう詰めの状態だった。

私はカリム公使を怒鳴りつけている男に怒りを覚えた。私たちのすばらしいホストを、こんなふうに扱うなんて！　一体彼は誰なのか？　この連中は何者なんだ？　その小柄な訪問客は、公使の説明など全く聞こえない様子で、カリム公使と大使館の役人全員を「裏切者」と責めていた。

彼らはボストンからやってきたベンガル人グループだった。ハーヴァード大学や、その他の研究機関に勤めている人々で、連邦議事堂前のデモに参加するために何時間もかけて車でやって来たのだった。彼らは到着後、状況説明を受けていたのだが、そこでベンガル人の大使館職員たちがデモへの不参加を決めたことを知ったのだった。それが彼らを激怒させた。その小柄な男はムハマド・アラムジールといい——のちに私の最も親しい友人となった——ハーヴァードで博士号を取ったばかりだった。アラムジールは容赦なくカリム公使を攻撃した。私はカリム公使を弁護して、アラムジールと彼の仲間たちにこう説明した。私たちはその問題について前の晩ずっと話し合い、パキスタン人の横暴を阻止するためには政府の高い地位にとどまるのがいい戦略だという結論に達したのだ、と。大使館職員ならアメリカ国務省の高官とも接触できるし、彼らに本当の状況を説明することだってできるだろう。

アラムジールは、そんなことは解放闘争に参加せず、自らの安楽な暮らしを守ろうとする臆病者の「言いわけ」にすぎない、と叫び返してきた。

話し合いはどちらにとっても不幸な終わり方をした。そしてアラムジールが提起した問題は、その年の八月四日、パキスタン大使館のベンガル人外交官たちが一斉に職務を放棄し、亡命してバングラデシュ政府に加わるまで、私たちについて回った。

その日の午後、私たちはデモのために連邦議事堂の周辺に集まった。ベンガル人はさまざまなところから集まってきた。ワシントンとニューヨークのグループが大きかったが、最大の集団だったのはデトロイトからやってきたグループだった。私はデトロイトからそんなにも多くのベンガル人がやって来たのを見て驚いた。彼らのほとんどは工場労働者だった。

どうすればいいのかも、誰がデモの指示を出すのかも、誰にも分からなかった。私たちの手元には許可証がなかったので、デモ行進を開始するわけにはいかなかった。デモの許可証は、大使館で働くファズール・バリが申請していたのだが、大使館職員が不参加を決定したため、彼は許可証を受け取りに行けなくなってしまった。幸運なことに、彼はもう一人の「バリ」を見つけることができた。シャムスル・バリがファズールになりすまして、許可証を受け取ってきた。

シャムスル・バリが許可証を受け取って戻ってきた時、私たちはまだどうすればいいか決められずに迷っていた。私は声の限りに叫んだ――「ここにいるのが私たちの指導者だ。さあ、彼の後ろに列を組んで、デモを始めよう」

　まるで魔法のようだった。連邦議事堂前でのデモは大きな事件となった。連邦議員は私たちに注目し、議員秘書たちは私たちの要求を聞くために時間をとってくれた。メディアの動きも活発だった。デモの取材に来たテレビ局のスタッフはあちこちでインタビューを行ない、さながらニュース記者たちの運動会のようになった。

　その夜、今後の活動方針を決めるために、私たちは別の大使館職員で、経済担当参事官であるA・M・A・ムヒスの家に集まった。ムヒスはその日一日中、舞台の後ろからすべてを仕切っていた人物である。だがここでも、ベンガル人外交官の動向が白熱した議題となった――なぜ彼らは、今すぐパキスタン大使館を出ようとしないのか？

　夕食の後、私たちは解散した。私たちは合衆国にいるすべてのベンガル人の活動を連帯させる方法を見つけなければならないことに気づいていた。それに、大使館にとどまるという決定をしたベンガル人外交官が、これ以上の指導力を発揮できないことも明らかだった。

　デモ行進の翌日から、シャムスル・バリと私は、各国大使館への訪問を開始した。大使かその代理人に会って私たちの運動について説明し、バングラデシュを独立国家として承認してくれるよう求めるのである。

私たち二人にとって、それはとても面白い経験だった。一日でいくつもの大使館へ足を運んだ。私たちを迎える方法は、大使館ごとに異なっていた。だが、私たちは同じような質問を繰り返し受けた——「あなた方は誰の代理なのですか？」「アメリカに拠点となる組織を持っているのですか？」「あなたの国には政府がないにもかかわらず、そんな国を〝承認〟することなどできるのですか？」「あなた方を支援している国があるのですか？」「〝東パキスタン〟でバングラデシュの独立を求めている人の数は人口の何割くらいになるのですか？」

一つを除いて、私たちは全ての質問に確信をもって返答することができた。答えられなかった唯一の質問というのは、これだ。

「あなた方には、自分たちの独自の政府があるのですか？」

私たちは、いかに熱心にバングラデシュ独立を承認してくれるよう世界中に頼もうとも、独自の政府を持たない限り、承認などありえないということに気づいた。バリと私は、すぐさま独自の政府を作るべきだと決意した。だが、ワシントンにいるというのに、どうやってバングラデシュの政府を作ることができるのだろうか？　バングラデシュにいる人々はおそらく、誰も新しい政府を作ることなど考えていないはずだ。すべての指導者たちは死ぬか、逃亡を余儀なくされていたからである。

私には一つのアイディアがあった。飛行機を用意してインドのコルカタへ行き、そこで生き残った指導者たちを見つけ出して内閣を組織し、バングラデシュの独立を世界に向けて宣言するのだ。そうすれば、私たちには国家も政府も存在することになる。承認問題も進展するはずだ。バリはそのアイディアを気に入った。私たちは決意した——できるだけ早く、亡命政権を樹立するためにコルカタへ行こう。

私はもう一つの重要な問題についても考えていた——バングラデシュ向けのラジオ放送を行なうのだ。そうすれば、バングラデシュの人々に、何が起こっているのか、どう行動すればいいのかを知らせることができる。ラジオ送信機を車に載せて、バングラデシュ領内から放送をする。もしパキスタン軍に追いかけられた時には、国境を越えてインド側に戻ってくればいいのだ。私は、手元にある六〇〇〇ドルの資金で送信機を買うことを決心した。

それから私たちは、近隣のビルマ、スリランカ、ソ連、インドの大使館と特別な交渉を行なった。ビルマにはパキスタン軍に追われたベンガル人難民に対する国境の開放を、スリランカにはパキスタン軍機の着陸を認めないことを要請した。ソ連大使館では、バングラデシュにおける最左翼の政治家たち、とりわけモウラナ・バシャーリが独立を強く求めているならば、ソ連は真剣にバングラデシュ独立の支援を検討すると言われた。またインド大使館では、私たちは上級外交官のような扱いを受けた。

私たちはいったんエナイェット・カリムの家に戻って、コルカタで臨時亡命政府を樹立させる計画について話し合った。白熱した討論が繰り広げられた。私は自らコルカタへ飛んで、バングラデシュから逃亡してくる政治指導者たちとの直接交渉をするつもりだったのだが、その役目にはハッサン・チャウドハリーがあたることになった。ハッサンが亡命政府樹立の準備ができたことを知らせてくるまで、バリと私はアメリカにとどまって、さらに細かい交渉を進めることになった。

その夜、パキスタン大使のアーガ・ヒラリがエナイェット・カリムの家にやってきた。バリとハッサン、私の三人は屋根裏部屋に隠れて、二時間の間、音も立てずに座り続けていた。大使はベンガル人の同僚が家の中に危険な反政府分子をかくまっているとも知らずに、いんぎんな口調で、ダッカでの軍事行動で負傷した親戚がいないかどうかなどと尋ねていた。

翌日、ハッサンはコルカタに向かって出発した。だが現地に到着した彼は、私に来ないようにという忠告のメッセージを送ってきた。まもなくパキスタンに幽閉中のムジーブを首班とする亡命政権が樹立された。アメリカとカナダに住むベンガル人は、バングラデシュの承認、パキスタンへの軍事援助の停止、虐殺をやめること、ムジーブの解放を求めるキャンペーンに立ち上がった。

私たちはワシントンの連邦議事堂近くに〈バングラデシュ情報センター〉を開設した。自国の闘争の模様を世界の人々に知ってもらうためであり、また、合衆国の政治家やメディアへのロビー活動を行なうためである。上下両院の議員や州知事など、アメリカの世論に大きな影響を与えそうな人にはすべて働きかけた。その一方でニューヨーク、シカゴ、カリフォルニアなど全米各地を回って、自分たちの主張を説明し、運動資金を集めた。この時期、私は情報センターの運営責任者だった。その後、全米の大学で行なわれる討論会のワークショップを組織する仕事をした。そして〈アメリカの友人によるバングラデシュの友人の委員会〉を立ち上げた。

四月二六日、ニューヨーク総領事のムハマド・アリが亡命し、彼はすぐに私たちのヒーローとなった。ニューヨークではムハマド・アラムジールの指導のもと、〈アメリカ・バングラデシュ同盟〉が活動を開始した。六月にはシカゴでF・R・カーン博士を代表とする〈バングラデシュ防衛同盟〉が組織され、シャムスル・バリがその書記長となった。バリは無料のバングラデシュ情報誌《バングラデシュ・ニュースレター》の発行を始めた。私はコミュニケーション部門を担当することになり、バリからその仕事を引き継いで、一九七一年末まで定期的に発行を続けた。ナッシュビルのパラゴン・ミルス通り五〇〇にある私のアパートは、事実上のコミュニケーション・センターになった。キャンペーンのための長い旅からアパートへ戻ると、いつも電話が鳴っていた。アメリカにいるベンガル人はみな、毎日の細かい出来事まで知りたがっていた。

独立戦争中ずっと、私たちは心の中でバングラデシュの鮮やかな未来像を描いていた。私たちは民主主義を支持し、自由で公正な選挙によって人々の意思を反映する国家を作ろうと考えていた。人々が自分の希望通りに生きる権利を確立させたかった。人々を貧困から自由にしたかった。すべての市民が幸福で豊かな暮らしができる国家を夢見ていた。私たちは世界のすべての国と肩をならべて、堂々と振る舞えるような国を夢見ていた。

一九七一年一二月一六日、バングラデシュは独立戦争に勝利した。私はその知らせを聞き、帰国して故国再建のために働こうと思った。戦争によって大きな犠牲がもたらされていた。パキスタン軍によって三〇〇万人が殺され、一〇〇〇万人が戦闘を避けて隣のインドに避難していた。悲惨でひどく貧しい難民キャンプがいたるところにできていた。数百万人がレイプなど、さまざまな残虐行為の犠牲者となっていた。戦争が終わった時、バングラデシュはすっかり荒廃した国になっていた。経済は完全に破壊され、数百万人が肉体的な損傷を抱えていた。

私は故国に帰り、国の再建に参加しなければならないと思った。それが自分の義務であると考えていた。

7　チッタゴン大学時代（一九七二年〜一九七四年）

一九七二年、私は理想主義に燃え、夢をいっぱいに抱えてアメリカから帰ってきた。自分が身につけた合理的な西欧流のアプローチを使えば、あらゆる問題に対処できるだろうと考えていた。今の私は、西欧の社会的なやり方や消費文化に対して、もっと気楽に考えている。複雑な方程式に取り組んでいる間も、ずっとテレビをつけっぱなしにしていてもいいと思っているくらいだ。

私は確信していた。今や東パキスタンは西パキスタンの植民地であることをやめ、今後はその持てる力を自国のために使うのだから、私たちを取り巻く状況はすぐによくなっていくだろう、と。

故国に戻った私は、戦闘による破壊の中に、勇気と決意とを見出した。人々は実に堂々と困難に立ち向かっていた。しかし年月が過ぎていくにつれ、希望は幻滅へと変わっていった。故国は解決法を見つけるどころか、ますます悪い方向へと向かっていたのだ。国に帰るやいなや、私はバングラデシュ政府の経済局計画委員会副委員長という素晴らしい肩書を与えられた。ところが具体的な仕事は全くなく、一日中、新聞を読んですごすしかなかった。国家がまさに経済開発の必要に迫られている状況のなかで、経済学で博士号を取って合衆国から帰国したというのに、私には何もすることが与えられなかったのだ。

私は計画委員会の委員長であるニュラル・イスラム教授に何度も抗議を繰り返した。彼はダッカ大学時代の私の恩師であり、彼の勧めで私は計画委員会に加わったのだ。結局私は辞職して、チッタゴン大学の経済学部長となった。

チッタゴン大学のキャンパスは市街地から二〇マイルほど東の、荒れた丘陵が連なる地域にあった。面積は一九〇〇エーカーもあった。いくつかの丘は頂上の部分が切り崩され、そこに大学の事実上の最高責任者である副総長や、教授たち、教務担当職員のための、赤レンガでできたモダンなオフィスが建てられていた。それぞれが一つの丘の上を占領していた。丘陵地の端の方の平らにした土地に、教室の建物や寮、教師の住宅などがあった。

この大学の建物は一九六〇年代半ばにバングラデシュで最高の建築家によって設計されたもので、みな現代建築らしい快適さがあった。あらゆるものが輸入赤レンガで建てられ、開放的な回廊が数多く配置されていた。見る者に強い印象を残す建物ではあったが、見た目にはよくても、実用的だとは言いがたかった。働き始めるとすぐに、それがいかに実用的でないかということを思い知らされた。

たとえば、学部長には専用の巨大な学部長室が用意されているのに、他の教員には私室が一つも用意されていなかった。私が経済学部の学部長としてまずやった仕事は、学部長室と一般教員用の休憩部屋を交換して、すべての教員に私室を与えたことだった。私はそうやって、学部長室を小さな部屋に移した。ところが、このことに誰もが不満を持った。仲間の教員たちは自分が学部長になったら大きな部屋を専有したいと考えていたのだ。仲間の教員たちが座る場所さえなくても、一向にかまわないというのだった。

大学も難しい時期を迎えていた。学生たちがあらゆる規則を無視し、試験のたびに互いに答えを教え合ったり、本からカンニングするため、教員たちは単位認定試験を行なうことをボイコットしていた。教員側は学生に対してきちんと試験を受けるよう主張したが、学生たちはこの要求にまったく従おうとはしなかった。独立戦争（その前年の一二月一六日に終わっていた）から戻ってきたばかりなのだから、試験を受けただけでもありがたく思え、というのが彼らの言い分だった。

学生たちの多くは独立軍《ムクチ・バヒーニ》のメンバーとして戦争で戦っていた。彼らはまだ戦闘で使った銃を持ち歩いていた。もし、試験の結果がすぐに知らされないようなことでもあれば、恐ろしげな態度で、教員たちをその銃で脅すのであった。

私は、今にも爆発しそうな緊張状態をやわらげるため、学生と教員の間の仲裁をして走り回らなければならなかった。

私は両親とともに町中に住んでいた。父は私が毎日キャンパスに通勤するのに、彼の車を使うことを許してくれた。そうしているうちに私は、学生も教員も、大学へ通うために非常に長い時間バスを待たなければならないということを知った。私は毎日誰かを乗せて行っていた。

私は問題が何なのか、状況を改善するためには自分が何をすればいいのか、知ろうと思った。

私が得た結論はこうだ。キャンパス内に住居施設が不足しているために、ほとんどの学生と教員は、午後二時のバスで帰ってしまう。だから、午後のその後の時間と夜には、大学は巨大な砂漠のように、誰もいない状態になってしまうのだ。これは国家の重要な財産の無駄であり、恥であると私は思った。そこで、私はすぐに学生のグループを集め、その問題に対する早急な調査に着手した。

私たちの調査は「チッタゴン大学における輸送問題」というタイトルでまとめられ、学部による学術論文《モノグラフ》として印刷された。その内容はすぐさま国の新聞に取り上げられた。そこでは、私がこの大学を「パートタイム大学」と呼んでいる、と引用してあった。これは大きな反響を呼び、私は多くの記者から取材を受けた。こうした事実を以前に指摘した教授も、学校の管理者も、一人もいなかったのである。

文部大臣が私に接触してきて、その論文のコピーがほしいと言ってきた。論文の中で私は、この状況を改善するために着手すべきさまざまな状況を詳しく書いておいた。しかし、不幸なことに、その論文は受け入れられなかった。結局、パートタイム大学の問題は、二〇世紀も終わろうかという今日まで存在し続けている。鉄道線路ができ、町からキャンパスに学生を運ぶようにはなったのだが。

私は毎日、高速道路とキャンパスとの間にあるジョブラ村を車で通っていた。キャンパスの隣には荒れた野原が広がっているのを見ていた。私は同僚のラティフィー教授に、なぜその土地が冬の間の作物を作るために利用されていないのか、その理由を尋ねた。彼はその村のことをよく知っているので、いくつか意見を出してくれた。私は彼に、一緒に村へ行って人々と会って話をし、その答えを見つけようではないかと頼んだ。私たちはすぐに行動を開始し、すぐにその答えも分かった。

灌漑《かんがい》用の水がないのだ。

私たちは何かしなければいけないと思った。大学の周囲にそんな荒れ地が残されているなんて、恥ずべきことである。大学が世界の知識の宝庫だというのならば、少しでもいいから、そうした知識を周辺地域に広めるべきではないか。そして、いかに大学というところが役立つ知識を持っているのかを実際に見せるべきなのだ。

大学というのは、学術研究をどんどん高く積み重ねるためだけの孤島ではない。大学の周辺に住む人たちに、そこでの知識のかけらでもいいから何か分け与えることがなければ、だめなのだ。

二カ月後、私はキャンパスの中に家をあてがわれた。私はとても幸せだった。というのも、そこへ住むことになれば、この地域に住む人々にもっと近づくことができるからだ。それに、もっと長い時間大学で過ごすことができるようになるのだ。

キャンパス内の私の家は丘陵地に面していて、毎日裸の丘を眺めることができた。教室からは、小さな子どもたちの一団が動いていくのが見えた。少年少女や大人の男たちが家畜を連れて、キャンパスの中を通りぬけて丘を登っていくのだ。朝、鋭い山刀を持っている時もあった。夕方になると、彼らはそれぞれ、大きな枝の束や、丘の上に生えていたらしい木を運んで戻ってきた。

大学の人々の手で荒れた丘を美しい森に変え、その丘で果樹などを栽培できないだろうか、と私は考えた。それは大学の収入にもなるだろうし、村の雇用を増やすことにもなり、ひいては国の食糧や消費財の生産を増大させるだろう。

大学は地方の村の生活に変化をもたらす役割を果たすべきだと、私は強く思った。そして、経済学部が先頭に立ってこれを推し進めなければならない。

私はまず、村そのものを理解したいと思った。私たちのような教育者の多くがバングラデシュの村に関して知っていることといえば、ほとんど推測の域を出ず、完全な情報など何も届いていなかった。私たちはジョブラ村の徹底的な検証を始めなければならないと考えた。そこで、私は学生たちの協力を得て、村の調査プロジェクトを始めた。

私たちが知りたかったのは、次のようなことだった。

どれくらいの数の村人が、耕作できる土地を持っているのだろうか。彼らが育てている作物というのはどんなものなのか。土地を持っていない人々はどうやって暮らしているのだろうか。貧しいのはどういった人々なのか。人々はどのような技術を持ちあわせているのだろうか。彼らの生活を向上させるのに、妨げとなっているものは何なのか。一年を通して、自給している家族はどのくらいあるのだろうか。自給できない家族はどれくらいいるのだろうか。作物が育って食べられるようになるまでに、どれくらいの時間がかかるのだろうか。一〇カ月、それとも八カ月くらいなのだろうか。六カ月くらい、それともそれ以下の期間でいいのだろうか……。

私はジョブラ村を理解することで、バングラデシュを理解しようと考えていた。ジョブラ村が私のバングラデシュになるのだ。私が自分の心で感じ、手で触れることができるバングラデシュだ。私は調べたいと思うことはすべて調べ、変えてみたいと思うことはすべて変えてみようと決意した。

貧困の理由を分析することは、人口のある階層がなぜ貧困線（最低限度の生活を維持するのに必要な所得水準）を下回る生活をしているのか、ということよりも、なぜ貧しい国が存在するのか、ということにより焦点をあてることになる。こうした社会的な事象に関心を持っているエコノミストたちは、貧しい人たちには「権利」がないということを強調している。飢餓の時には、十分な量の穀物を供給しても、貧しい人々は食物に近づく権利がないのだ。科学やテクノロジーの分野で素晴らしい前進が成し遂げられ、人類が月の上を歩くようになった現在でも、そのような飢餓や困難に直面している人々がいるという事実は、道徳的見地からも筋が通るものではない。

当時、私は飢えについてまだ知らないことが多かったが、それから二〇年以上かけて、さまざまなことを理解してきた。一九九四年、世界食糧賞を受賞した時、私はアイオワ州のデス・モイナスで開かれた授賞式で次のように演説した。

輝かしい理論を持つ経済学者は、貧困と飢餓の問題について討論しているうちに、そのものを見失ってしまうのです。彼らは、経済学がさらに発展すれば、貧困や飢餓といった諸問題は解決され、あらゆる国からなくなるであろうと、人々に信じてほしいのです。経済学者というものは、備わっているすべての才能を、開発や発展の過程を細かく調べることに費やしてしまいがちで、貧困や飢餓といった問題について細かく調べようとする人はいないのです。

世界が貧困の緩和を重要かつ重大な問題だと認識すれば、私たちは、今のような恥ずべき世界ではなく、誇れるような世界を作り上げることができる、と私は固く信じています。

一九七四年の飢餓は長い間続いた。状況が悪化すればするほど、私はより挑戦的な発言をするようになった。

もはやそれ以上我慢することができなくなって、私は大学の副総長に会いに行った。名目上、チッタゴン大学の総長はバングラデシュの総理大臣が兼ねることになっており、実際に大学の日々の運営に当たる最高責任者は副総長だったからだ。

副総長のアブル・ファザールはよく知られた国家的有名人であった。社会的な発言を続ける老小説家であり、多くの人々から「国家の良心」と考えられていた。彼は私を礼儀正しく迎えてくれた。

「私は何をすればいいのかね、ユヌス」彼は言った。天井の扇風機が頭の上でゆっくりと回っていた。蚊がブンブン飛び回っていた。お茶が運ばれてきた。

「本当に大勢の人々が飢えて死に瀕しています。誰もそれを恐れて口にする人はいませんが」

アブル・ファザール翁は言った。「きみはどうしようと思っているのかね」

「あなたは本当に素晴らしい人です。誰もがあなたを国家の良心と呼んでいます。私があなたのもとへこうしてやってきたのは、今起こっていることに立ち向かおうという根性のある人が誰もいないからなのです」

「私にどうしろというんだね？」

「新聞に声明を出してください」

「いいとも。だが、何に対しての声明を出せばいいのかね？」

「国民と指導者たちに対して、できる限りの力を尽くしてこの飢餓を終わらせるために活動することを呼びかけてほしいんです。あなたが先頭に立ってくだされば、うちの大学の教員はみな、あなたの出す文書に同意するサインをしてくれるに違いありません」

「それで何かよくなると思っているわけだね」

「世論を結集する助けになると思うんです」

「分かった」彼はお茶をすすりながら言った。「ユヌス、きみが声明を書いてくれ。それに私がサインしよう」

私は笑った。「あなたは物書きじゃありませんか。あなたの方が、声明にふさわしい言葉をたくさんご存じのはずです」

「いやいや、きみがしたまえよ。ユヌス」

「私は物書きじゃないですからね」

「ユヌス、きみはこのことに情熱を燃やしているんだろう。きみこそ、どういうふうに言うべきかをよく知っているはずだ」

「でも、私は単なる経済学の教授です。必要なのは、人々に涙を流させ、行動を起こさせるような文章なんですよ」

国家を揺さぶり、この恐ろしい飢餓に耐えるため国全体の注意を向けるために、彼がいかに最適な人物であるかということを私が言えば言うほど、彼は私にそれを書くようにと勧めてきた。彼はとても強固に主張してきたので、私もついに選択の余地がなくなり、最初の草稿を書くことを約束せざるを得なくなった。

その夜、私は手書きで声明文を一気に書き上げた。

そして、その草稿を副総長のもとにもって行き、彼がゆっくりとそれを読む間、そこで待っていた。

読み終えると、アブル・ファザールはペンを取って言った。「それで、私はどこにサインをすればいいのかね？」

私は呆然とした。「しかし、そのままでは表現も激しすぎると思いますし、どこか直したい部分があれば、どうぞ意見をおっしゃってください」

「いやいや、これは素晴らしい出来だ」彼は言い、その場ですぐにサインした。

それで仕方なく、私も同じようにその声明にサインをし、コピーをとって、他の教授仲間に渡したのだった。声明の中のいくつかの言葉に難色を示した教授も多かったのだが、副総長がすでに認めてサインをしているだけに、その声明文には彼の名声と同じくらいの重みがあった。結局、チッタゴン大学のすべての教員が、その声明文にサインをした。私たちはそれを新聞社に送った。翌日、私たちの声明は有力紙の一面に全段抜きの大見出しで掲載された。

私たちの手紙は連鎖反応を生んだ。同じような反応が他の大学や、これまで飢餓について沈黙を守ってきた団体からも、どんどんわき起こってきた。

そして私は、誰かから教わったのではなく、現実世界に教えてもらった理論に取り組むことになった。現実世界を見るために何マイルもの旅をする必要はなかった。ドアのすぐ外が教室だったからだ。

学ぶべき論理は、教室の中以外のあらゆる場所にころがっている。

8　三人農場での実験（一九七四年〜一九七六年）

一九七四年の飢饉《ききん》は、私のあらゆる努力を農業経営に向けた。

バングラデシュの国土面積は三五〇〇万エーカー。世界で最も人口密度の高い国の一つであり、食糧生産を増やす必要に迫られている。国土のうち、二一〇〇万エーカーが耕作に適している。雨季には主に米とジュートを生産しているのだが、灌漑《かんがい》施設を整え、冬の乾季の間も水の管理をすることができれば、作物生産量を増やせる可能性はある。専門家の見積もりでは、実際の作物生産量は、生産可能とされる量のわずか一六％の量にすぎないという。

私はジョブラ村の人たちがもっと多くの食糧を作れるよう手助けすることを決めた。さて、どれくらいの量の食糧を増やすことができるのだろうか。一度にとれる収穫量を増やすことができるだろうか。作物を植える回数を増やすことができるだろうか。

私は農学者ではない。しかし、毎年のサイクルの中で、どうやってもっと増やすことができるかを見つけ出すことこそ、私の仕事であった。

私は学生たちと一緒に耕地に座り込んで、彼らに向かって、この地方で栽培されている生産量の低い種類の米を、フィリピンで開発された生産量の高い種類に変えることが、どれほど重要なことであるかという説明をした。同じようにして、農民たちにも、このことがどれほど重要かを話した。

農民たちは特別の関心を示さなかった。でも、私たちはみな真剣そのものだった。私たちは、生産量の高い米に変える手伝いを無償ですることを申し出た。大学の学生と教師が、ボランティア農夫になったのだ。ジョブラ村とキャンパスに住む人たちの目の前で、私たちは膝まで泥につかりながら田植えに悪戦苦闘した。それまで、大学教授が農民と一緒になって田植えをする姿など見た人がいただろうか？　前代未聞の出来事だった。

学生たちと私は、農民たちに、苗を植えるときには一定の間隔を開けることが大切なのだということを見せた。そして、作業の効率をできるだけ高めて、農地の生産性を上げるためにも、苗をまっすぐ一列に植えることも教えた。私たちが農民たちに、稲をまっすぐに植えるために細い紐を使う方法を教えているところを、地方紙が写真入りで報道した。

農民たちは最初、私たちのことを笑っていたし、学生の多くは自分の手で教えるという私たちのやり方を軽蔑していた。しかし、私たちは米の収穫高を四倍にしたのである。

私はつねに、大学が地域を変革するための新たな方法を探し続けていた。私はきわめて実践主義的な立場から農業経営に関わろうとした。経験論者である私は、自分で失敗をしながら、あるいは他人の失敗を見ながら、さまざまなことを学んでいこうと思っていたのだ。

私は学者の知識と村人の力を結集して、〈チッタゴン大学農村開発事業〉と呼ばれるプロジェクトを開始した。

学生の中には、私が一九七二年に最初に授業を受け持つようになったときには、とても形式主義的だったと訴える者もいた。当時、私は学生たちにもし連絡を取りたいならば書面で申し込むようにと命じていたのだった。

だが今や、私は農村開発事業を進めるために、あらゆる堅苦しさと、バングラデシュでの教員と学生との間に存在するあらゆる伝統的な形式の壁を打ち破る必要があった。

私は伝統的な学問をほとんど完璧に捨て去り、大規模な識字プロジェクトも含め、さまざまなプログラムを実践してきた。私は学生たちと一緒に村へ行き、そこで人々の毎日の生活を一体どのように改善すべきか見出そうとした。学生たちは自らが取り組むテーマを決め、その体験から履修単位を取得するための論文を書いた。

考えていた。

一九七五年の冬、私は乾季にも余分に作物を作るため、灌漑設備の問題を解決しようと考えていた。

モンスーンの季節には、どんなところを車で運転していても、ほとんどすべての土地が耕されているという事実に驚かされた。何も生み出さないような低湿地であっても、米と魚はちゃんととれるのだ。しかし、そういった土地はみな、冬の間は耕されずに放置されている。なぜ、冬に育つ作物を植えないのだろうか。

私は、数多くの使われていない機械式の深い井戸が、耕されていない土地の真ん中にぼんやり立ったままであるのに気づいた。冬の乾季にも、その井戸を使って土地を灌漑し、新しい作物を育てるべきなのである。しかし、何も行なわれていない。まだ新しい井戸が使われないまま、ただそこに立っているのである。

なぜ井戸が使われていないのかを尋ねたところ、農民が怒るからだ、という答えが返ってきた。というのも、もし乾季に井戸を使うことになれば、水の代金をめぐって、農民と井戸の管理人は互いに争わなければならなくなるからだ。だから、農民たちはその深い円井戸をどうにかしようとはせず、役に立たないままにしてあるのだ。資源と水の無駄なのだ。

このことで私は、とても恥ずかしい気持ちになった。別の地方では、飢饉で多くの人が死んでいるというのに、ここでは三〇〇フィートもの深さの機械式井戸がありながら、ほんの六〇エーカーの農地を耕すのにしか使われていないのだ。

実現可能なさまざまな灌漑方式のなかでも最も集約的な手段が、機械式の深い円井戸を使用することである。だからこそ、バングラデシュ政府や資金提供国は、その建設に巨額の資金援助を投じているのだ（一方、手動式の浅い井戸はそれほど高価ではないので、貧しい家庭用に適しているのだが、政府はその設置計画にはあまり熱心ではない）。

だが、深い機械式井戸は操作にかなりのコストがかかるため、結果的に使われなくなってしまっていた。燃料の油をひどく使ううえ、かなり消耗したり腐敗したりしているので、動かすには潤滑油と、部品の交換が必要だった。私がジョブラ村で遭遇したこの問題は、特別な例外ではなく、国中で当てはまる問題だった。そして、その問題はシステムの中にまでしみ込んでいるのである。

機械式の井戸を効果的に動かすためには、効果的な水の分配システムが必要だった。そして、そのためには、ほんの一かけらの土地しか持っていない数多くの小規模農家が同じ作物を作ると決め、それを実行しなければならない。そのうえ彼らには、肥料や、植物を病気や害虫から保護する方法、そしてポンプの修理やメンテナンスに関する技術的知識も必要だった。さらに、生産物の市場販路も必要だった。これらすべてを乗り越えるには、熱心な小規模経営が必要になってくるのだ。

残念なことに、これまで政府が行なってきたプロジェクトでは、深い機械的井戸の技術と、それを実際に使用する農家の人々とを結びつけることはできなかった。政府はこう考えたのだ。一度その深い円井戸が整備され、動き始めたら、それで万事うまくいくだろう、と。海外からの資金援助に支えられて、政府は最新の灌漑技術に対して気前よく投資した。だが、農業経営という人間中心の問題を解決するために、時間や手段、努力といったものを投じた人間は誰もいなかったのだ。しかも経営の問題は一年中続くため、農民たちの方も、さらなるリスクを負うことには気が進まなかった。

したがって、約半数の井戸は、数万ドルを費やして掘られたにもかかわらず、使われずに朽ち果ててしまったのだ。打ち捨てられたポンプの中のさびついた部品は、こうした工業技術が本当に農民のことを考えないまま導入された証拠なのだ。ほかにもスキャンダルや、開発を誤った方向に導いてしまった失策があった。

私は新しいタイプの農業協同組合を作るというアイディアを思いついた。私はそれを「ナバジュグ（新時代の）三人農場」と名づけることにした。

私は農民たちを集めてミーティングを開き、ある実験を行なうことを提案した。そこでは、土地の所有者が乾季のあいだ土地を提供し、共同耕作者（小作人）は労働力を提供する。そして、私がすべての費用を提供するのである。その費用の中には、機械式井戸を動かすための燃料費、収穫率のいい作物の種、肥料、殺虫剤などの代金、そして技術のノウハウ習得などにかかるあらゆる費用が含まれる。その三つの集団（農民、耕作者、そして私）がそれぞれ提供できるものを出し合い、収穫を三分の一ずつ分け合うのである。

村人たちは最初、私の意見に耳を傾けようとしなかった。農民と井戸の管理人たちは互いに激しく対立し、不信感を抱いていたので、私のような第三者の言葉を聞き入れる気になれなかったのだ。彼らは、私の計画がうまくいく保証がないと反対した。時間の無駄にすぎないという意見もあった。私に収穫の三分の一を支払うのは払いすぎだという人もいた——五分の一くらいでいいんじゃないか、三分の一なんてとんでもない、というのだ。私がすべての損失を負うと提案しているにもかかわらず、である。彼らはそのプロジェクトがもたらす利益を、自分たちの間だけで分配したがった。最初のミーティングで、彼らは私の提案を拒否した。

一週間後、二回目のミーティングを開き、私は彼らには失うものなど何もないのだということを何とか理解してもらうことができた。彼らは灌漑用の水をもらい、肥料や種や殺虫剤や、その他あらゆるものを、ただで手に入れることができる。彼らはただ、収穫の三分の一を私にくれるということを納得すればいいだけであった。貧しい耕作者たちは、それはいいアイディアだと思ってくれた。裕福な農民たちも、しぶしぶ、やってみてもいいのではと賛成するようになった。これから何が起こるのかという村人たちの疑念の中で、村のあちこちで井戸のモーターがブンブン回りはじめた。

これは私にとって試練の時期であった。何か間違っていることがあるのではないかと心配で、眠れない夜が続いた。私は結果が出るのをとても楽しみにしていた。適切に実行されれば必ず成功すると確信していたのだ。私はこの試みが灌漑事業の問題を解決するはずだと信じていた。しかし、そうは簡単にいかなかった。

毎週火曜日の夕方、私は農民たちのところへ足を運んで正式なミーティングを開いた。出席者は、私が「ブロック・リーダー」に指名した四人の学生と、「助言チーム」に指名した一三人の農民たちである。私たちは肥料、灌漑、技術、貯蔵、運送、市場調査といったさまざまな問題について話し合い、検証し合った。

すべてが学ぶことばかりだった。最初の年は大成功だった。農民たちは全員満足していた。彼らは全く金を使わずに、とても多くの収穫を得たのだ。しかし私は一万三〇〇〇タカの損失を見た。農民たちが分け前をごまかしたからだ。彼らは私に約束していた三分の一よりも少ない分け前しかくれなかった。しかし、それでも私は成功したと思っていた。組織が有効に働いたからだ。私たちは、この国でまだ誰も作物を育てたことのなかった乾季に、作物を育てたのである。

農民が稲を収穫している姿ほど美しいものはないと思う。農村の一年間の暮らしの中で、その光景は雨季に特有のものと考えられてきたのだが、今ではそれを乾季にも見ることができるようになったのだ。

ベンガル人の農民がもっとも力を注ぐのは、米の種をまく作業である。彼らは手で種をまき、新しい芽はすぐに出てくる。続いて田植えが行なわれる。これは神経をつかう、骨の折れる仕事である。しかし経験を積んでいるので、農民たちはいともたやすくその作業をこなしてしまう。学者では、そうはいかない。とはいえ私たち学者も、腰を曲げて足首まで水につかり、苗を植え込んでいる間は、学問の世界でのエゴや社会的な格差などすぐに忘れてしまうのだ。

適切な灌漑を行なうことができたため、耕地は突然、稲のエメラルドグリーンに埋めつくされた。その美しさと、豊作への期待で、あらゆるベンガル人の心は温かくなるのである。

私たちの「三人農場」の実験は、一九七八年にバングラデシュ政府から大統領賞を受賞した。

しかし、私は強い懸念を抱いていた。

「三人農場」の実験の成功は、私がこれまでに考えてもみなかった問題を提起したのである。

刈り取った稲を乾燥させてしまうと、次に、米と藁とを分ける脱穀の作業となる。ここで人間の労力が必要になる。脱穀は頭を使わない退屈な単純労働なのだが、そこで日雇いで働くのは、どんなに安い賃金でも断わることができない貧しい女性たちなのだ。彼女たちは早朝、まるで重荷を背負った動物のようにやってきて、足で稲を踏み続ける。何時間もの間ずっと、小さな足で立ちっぱなしで踏み続け、仕事中に倒れてしまわないために、手で壁によりかかったり、しがみついたりしているのである。

私はある現場を見てショックを受け、なかなか立ち直ることができなかった。そこでは二五人から三〇人ほどの女性が、農場でできた米を脱穀していた。彼女たちは裸足で、壁に向かって立って、手のひらで壁によりかかりながら作業をしていた。彼女たちは絶えず足を動かして稲を踏みつけ、脱穀の終わった藁を足の周りに巻きつけていくのだった。この作業は、朝から晩までずっと、果てしなく続いていた。彼女たちの賃金は、その日脱穀した米の量によって支払われる。米の量の一六分の一がその金額だった。一日に四キロの米を分けたとして、その賃金は四〇セントくらいだった。

女性たちは、少しでも楽に作業ができるように、壁に向かいやすい場所を求めて競争する。一番最初にやってきて、いい場所をとろうとするのだ。その競争は熾烈である。多くの女性がまだ夜も明けないうちから仕事場にやってくるが、それでも一番乗りをすることは難しいほどだ。

なんという恐ろしい生活なのだろうか——たった四〇セントを稼ぐために、身体の重みをかけて素足で稲を踏むという、うんざりするような動作を、一日に一〇時間も続けていなければならないとは！

　より大きな規模の農家ほど、私の提案した「三人農場」からの利益がどんどん多くなる。そして、貧しくて弱い立場になればなるほど、手に入れる利益もより少なくなるのだ。本来お金を手に入れなければならないのは、稲を脱穀している女性たちだというのに。このことに気づいて私は大いに落胆した。

　私は全く正反対の道を探していたのである――最大限の利益を貧しい人に、というその目的とは正反対のことをしていたのだ。私はいくつかの解決方法を考えてみたが、自分で納得できるようなアイディアは浮かんでこなかった。

　もし、こうした女性たちが資金を持っていて、自分で米を買ってそれを育てることができるなら、今と同じ仕事をしていたとしても少なくとも四倍から五倍の賃金を受け取れるはずだということに、私は初めて気づいた。

「私たちはなぜ、あなたの言う〝三人農場〟で幸せになれるのでしょうか？」とある女性が言った。「何週間か脱穀作業をすれば、仕事は終わってしまい、何も残らないのですよ」

　こうした女性たちのなかには、未亡人や離婚した人、あるいは養うべき子どもと一緒に夫に捨てられたような人々が数多くいた。彼女たちは貧しすぎて小作人にすらなれないのだった。彼女たちには土地もなく、財産もなく、希望すら残されていないのだった。

この経験から、私は最も貧しい人たちに目を向けるようになった。

国際開発の隠語で、「小さな農夫」というものがある。それは典型的な貧しい人たち、無視されている人たちを指す言葉だ。そして、農村の開発プログラムでは、いつでも農民や地主に目が向けられている。しかし、私はこれには二つの理由で反対していた。

まず第一に、小作、あるいは半小作の状態の人々を「農民」という範疇《はんちゅう》に入れた場合、私たちはほとんど無意識のうちに性差別を受け入れたことになってしまう。その人々のいる階層が農民だとなれば、私たちはもっぱら男性のみを考える対象にしがちである。人口の残りの半分の存在は忘れられてしまうのだ——女性のことである。

女性は、家族の中で重要なメンバーである男性を陰で支えている存在として認識されがちである。これが、あらゆる開発プログラムに問題を引き起こすのだ。

二番目に、農村では、小作、あるいは〇・五エーカー以下の土地しか所有していない半小作と呼ばれている人たちが、農業労働者の大半を占めている。そして彼らは、実際に働ける時間の五分の一しか農業労働に使っていない。

言い換えれば、彼らが生産のために使える可能性のある時間のうちの八〇%は、他の活動に費やされているということだ。彼らはたとえ怠けてはいても、土地を耕したりしないのだ。農業労働は彼らの生活のなかで小さな比重しか占めていないし、そうした人々を農民と分類すること自体がおかしいのである。彼らを農民の範疇に入れることは単に論理的に間違っているだけではなく、私たちが彼らのことを考える際に、彼らが農業以外から収入や雇用を手に入れている可能性を見落とさせ、彼らの生活のほんの一面——つまり農業——だけに関心を向けさせてしまう。だがそれでは、多くをもたらすことはできないのだ。

こうした理由から、本当に貧しい人々と単なる農民とを区別することは、私にとって重要なことになってきた。

この時期、官僚や学者たちは、どういう人が真に「貧しい」人なのかを明確に定義するために時間をかけたりしなかった。疑いもなく彼らは、誰が貧しいかはすでにはっきり分かっており、他に考えようもないと思い込んでいたのだろう。だが、社会学者の中には、自らの研究目的に合わせて、貧困を違った切り口から見ている人々もいる。「貧しい人」という言葉が「破れたシャツを着た人」を意味する場合もあるし、「汚れたシャツを着た人」を意味する場合もある、といった具合に。では、次にあげるリストの中で、誰が貧しい人で、誰がそうでない人なのか、分かるだろうか。

仕事のない人は？
読み書きのできない人は？
土地を持っていない人は？

ホームレスの人は？
家族が一年間暮らして行けるだけの食べ物を十分に作ることができない人は？
二五エーカー以下の土地しか持っていない人は？
雨漏りのする草葺き屋根の家に住んでいる人は？
栄養失調で苦しんでいる人は？
子どもを学校に通わせることができない人は？
通りで物を売り歩く行商人は？

ここからも分かるように、「貧困」というものに対する概念が漠然としていることは、貧困を根絶しようとする私たちの試みに大きな悪影響をもたらしている。はっきりとした定義づけがなされていないために、私たちは意外な状況に直面せざるを得なくなってしまう。「貧しい」人というのは、小規模な農地を持つ農民と、貧困線の線上に置かれた農民の合計数よりもはるかに多い。たとえば、そこには女性と子どもたちが除外されている。バングラデシュでは、全人口の半分は、貧困線の線上にいる農民よりもさらに悪い状況に置かれているのだ。

このようなバングラデシュの現在の状況を考慮すると、貧困の定義は、より幅広く、三つに分けて考えるのがいいと思う。たとえば、次のような分け方だ。

貧困1（慢性的貧困、絶対的貧困）　底辺から人口の二〇％
貧困2　底辺から三五％
貧困3　底辺から五〇％

各区分の中には、さらに細かい区分を設ける。地域、職業、宗教、人種的背景、性、年齢などによる分類だ。貧しい人々を定義するときには、最初に職業や宗教から考えると、収入や財産の基準から考えたときほど正しく概念化されない恐れがある。こうした作業によって、私たちは貧困の母体ともいうべきものに、さまざまな色分けをすることができるのだ。

もちろん、貧困の概念それ自体も、貧しい人々の数が相対的に少ない国では少し違ってくる。それぞれの国で、独自の定義を設けることが必要なのだ（たとえば二五エーカーの土地を持っていた場合、砂漠の国なら貧しくとも、肥沃《ひよく》な国では豊かになる）。国がそれぞれ独自に貧しさの定義づけをした方が、世界全体で一つの定義を決めてそれを押しつけるよりも、国際機構が分析に使用するのに役立つはずだ。

誰が貧しいのか、貧しい人々の中にどんな人がいるのか、ということをはっきり定義する目的は、何かの理論を完成させるためでも、つまらないことをつつくためでもない。そうすることが貧困撲滅キャンペーンを行なう際に必要だからなのだ。はっきりした境界を設けておかないと、現実に貧困の領域に属し、そのひどい苦しみから抜け出そうとしている人たちが、いつの間にか貧困ではない人として分類されてしまう危険性があるのだ。

見知らぬ海域を航海する時に必要な目印のように、定義づけは、区分の目安となる、はっきりとしたものでなくてはならない。曖昧で不正確な定義を設けることは、定義づけを全くしないのと同じくらい悪いことだ。

貧しい人の定義の範疇に、一九七五年に「三人農場」で米を脱穀していた女性たち、竹の椅子を編んでいたスフィア・ベーガムのような女性、月に一〇%、時には週に一〇%という高利で金を借りなければならなかった女性たちも入れるべきであると私は主張したい。彼女たちのように籠《かご》や麻のマットを編んだり、敷布《パティス》を縫ったりしている女性たちは、時に施しに頼ることさえあるのだ。

彼女たちには絶対に、経済基盤を確立させ、収入を増やすようなチャンスはない。絶対にないのだ。

農業とジョブラ村の深い円井戸から得た経験から、土地を持っていない貧しい人々にこそ目を向けなくてはならないという私の思いは決定的なものとなった。

そこで、私はすぐに主張することにした。貧困を緩和するためのプログラムが、貧しくない人々をも対象に含んでしまっている国では、本当に貧しい人々が、ややましな状況にいる人々によって対象から押し出され、援助を受けられない状況になっているということを。

「悪貨は良貨を駆逐する」というグレシャムの法則で言われているように、開発援助を行なううえで、本当に貧しい人々と少しましな状況の人々とを一緒に対象にしてしまうと、少しましな状況の人たちが本当に貧しい人々を駆逐してしまうのだ。しかもこうした状態は、まず最初に保護的な基準を設けておかない限り、ずっと続いていってしまうのだ。

その結果、貧しい人の名を借りて、それほど貧しくない人たちが儲けるという事態が起きるのである。

9　銀行経営に乗り出す（一九七六年六月）

〈三人農場〉の試みが、結局のところ、最も貧しい人たちのためにならなかったことに気づいてから、私はごく身近な場所に住んで働いている、土地や財産がない人々の問題に、より力を注ごうと決意した。

私は以前から、土地を持っていない人々というのは、小規模でも土地を持っている農民に比べて、より事業を起こすことに関心を持てるのではないかと思っていた。農民の生活というのは土地があるとそれに縛られてしまい、どんどん保守的になってしまう。視野も狭くなり、思考がどんどん内側に向いて行ってしまうのだ。一方、土地を持っていない人々は土地に縛られることがないため、起業に関心を抱き、自由に動き回って新しいアイディアを受け入れることができる。彼らの生活は全く貧乏そのものなので、そのことがかえって彼らに闘志を呼び起こすのだ。土地に縛られないということは、その土地に昔から伝わる伝統的な生活にも縛られないことを意味するのである。

スフィア・ベーガムに聞いた話が私を奮い立たせた。彼女は仕事を続けるために必要な、たった一六セントの金すら持っていないというのだ。私には、そんなふうに奴隷のように仕事にしばられて苦しむ人生があることが信じられなかった。

私が二七ドルの資金を四二世帯にローンとして貸した時には、本当のことをいうと、そんなわずかな金で、そんなに多くの人たちが幸せになれるとは全く思っていなかった！　そのときはただ、こうした出来事を放っておくことができなかっただけなのだ。

私はもっといい解決法——より制度化された解決法——を探し求めていた。制度がきちんと整えば、資金が必要なときにはいつでも金を手にすることができるようになるはずだ。しかし、どうすればいいのだろう？　私はまず、町の銀行に頼むことを思いついた。銀行なら、彼らが必要な時に資金を貸しつけることができるはずだ。それが銀行の仕事なのだから。

私は愛車の白いフォルクスワーゲン・ビートルに乗り込み、ジャナタ銀行の支店に出かけて行った。ジャナタ銀行はわが国で最も大きな規模の政府系の銀行である。

ジャナタ銀行チッタゴン大学支店は、大学の正門のちょうど反対側の、道の左側にある。

その道に沿って小さな店や売店、レストランなどが立ち並んでいて、地域に住む村人たちが学生相手に商売をしていた。そこではビンロウの実や食べ物、紙やペンなど、ありとあらゆるものが売られていた。リキシャ（人力車）の運転手たちも、丘の上から教室まで学生たちを送迎するとき以外は、そこに集まっていた。

支店は一つの四角い部屋でできていた。表側にある二つの窓には桟がかけられ、壁は濃い緑色に塗られていたが、ペンキは剝げて薄汚れていた。右側の、ドアを通り抜けたところに支払い窓口があった。店内には木のテーブルと椅子が置かれていた。金庫は右側の奥にあった。支店長は左側の奥の、扇風機の下に座っていて、私にていねいに挨拶をし、椅子に掛けるようにとすすめてくれた。

「今日はどのようなご用件でしょうか、先生」

事務係の少年がお茶とクッキーを持ってきてくれた。私は自分がなぜそこへやってきたのか、その理由を話し始めた。

「このあいだ私がお金を借りたのは、〈三人農場〉のプログラムに融資していただくためでした。今度はまた別の新しい目的があって来たんです。ジョブラ村の貧しい人々に資金を貸してほしいんですよ。借りたい金額はごく少ないんです。実はもう、私は自分の持ち金を使って、村人たちに資金を貸してしまっているんです。合計四二世帯に対して二七ドル貸し付けました。でも、資金を必要としている貧しい人たちはもっとたくさんいるんです。彼らには仕事を続けていくためや、原材料や必需品を買うために、資金が必要なんです」

「どんな原材料なんですか？」支店長は少し困惑したような表情を浮かべた。まるでよく知らない新しいゲームのルールを説明されているようだった。私が学部長という地位にあることに敬意を表して彼は私に話をさせていたが、明らかに彼自身は何の話をしているのかが分かっていなかった。

「そうですね、竹の椅子を作っている人もいれば、麻のマットを織っている人もいます。ほかにはリキシャを運転している人とかね……。もし、そういう人たちが普通の利率で銀行から金を借りられれば、彼らは自分が作った品物を自由市場で売って、それに見合う利益を上げられます。それで彼らは暮らしていくことができるんです」

「そうでしょうね」

「ところが現実には、彼らは朝から晩まで、まるで奴隷のように働かされています。高利で資金を貸し、彼らの製品をすべて買い上げてしまう〈パイカリ〉の支配下に置かれていて、自由に商売をすることができない状態なんです」

「なるほど。私も〈金貸し《マハジョンズ》〉のことは聞いています」

「だからこそ、私は今日こちらにお邪魔したわけです。そんな暮らしをしている村人たちに、金を貸してくれるように頼もうと思ったんですよ」

支店長は口をあんぐりと開けた後、ゲラゲラ笑い始めた。

「そんなことはできませんよ」

「なぜできないんです？」

「いや、困ったなあ」彼は、できないという理由をいつ果てるとも知れない長いリストのように一気にまくし立てた。

「一つには、あなたが貸してほしいとおっしゃるような小額の資金では、融資申し込みの文書類を作成するためにかかるコストさえもまかなえないからです。銀行は、そんなわずかな利益のために時間を費やすつもりはないんですよ」

「なぜですか？」私は尋ねた。「貧しい人たちにとっては、その資金は本当に重要なものなんですよ」

「第一、まあそれがすべての理由でもあるんですが、そういう人々は読み書きができないわけですよね。だから、ローンの申込書に必要事項を書き込むことさえできないでしょう」

「バングラデシュでは人口の七五％の人たちが、読み書きができないんですよ。申込書に自筆で書き込むなんていうのは、ばかげた要求です」

「この国にはどの銀行にも同じ規則があるんです」

「ほう。ということは、わが国の銀行では、どこでもそういうことはできないっていうことですね」

「反対に、銀行にお金を持ってきて、それを預けたいという人がいる場合でも、私たちはその人自身にいくら預けたいのか書いてもらいます」

「なぜですか？」

「『なぜ？』とはどういう意味ですか？」

「つまり、なぜ銀行は、ただ黙ってその金を受け取って『誰々からいくらのお金を受け取りました』という受領証を発行するという、それだけのことができないんだろうか、っていうことです。なぜ銀行員の代わりに、預金者が書類に書き込んだりしなければならないんだろうか、ということですよ」

「そんなことをおっしゃるのなら、読み書きができない人を相手に、どうやって銀行を経営していけばいいっていうんですか」

「簡単なことです。銀行はただ受取額を書き込んだ受領証を発行すればいいだけです」

「もし、その人が預金を引き出したいと思ったらどうするんです？」

「それは分かりませんが……でも単純な方法ですむと思いますね。預金している人が預けた金の受領証を持ってきて、窓口で見せればいい。窓口ではそれを持ってきた人に金を返せばいいでしょう。具体的にどのような経理方法で処理するかは、銀行側が考えるべき問題だと思いますね」

支店長はうなずいたが、これに対して答えはしなかった。どこから取りかかればいいのか、まるで分かっていないようだった。

「私に言わせれば、銀行のシステムというのは、読み書きのできない人のことも考慮すべきだと思うんですよ」

支店長はすこしムッとしたようだった。そして言った。「教授、銀行の業務というのは、あなたが考えていらっしゃるような単純なものではないんですよ」

「ええ、きっとそうなんでしょうね。でもね、あなたがおっしゃるほど複雑なものでもないと、私は思うんです」

「いいですか、借り手が書類に必要事項を書かなければならないのは、世界中のどこの銀行に行っても同じことなんですよ」

「分かりました」私は言って、これ見よがしにお辞儀をした。「私が、うちの学生に頼んで、ボランティアでその書類を書いてもらえばいいでしょう。そうすれば何も問題はないはずです」

「いや、あなたには私の言っていることが分かってないんです。私たちは貧しい人たちには決してお金を貸したりしないんですよ」と支店長は言った。

「なぜ貸さないんです?」

私はつとめて礼儀正しくしようとしていた。私たちの会話はかなり緊迫していた。支店長は、まるで私が彼を罠にはめようとしているのは分かっているんだとでも言いたげな様子で、笑みを浮かべていた。じつに不条理で、滑稽ですらある話し合いだった。私はとても真剣に彼を見つめていた。

「彼らには担保にするものがないからです」支店長は言った。彼は、私が本当にばかなのか、それとも演技力抜群の役者なのか、よく分からないけれど、その言葉を言えば、私たちの話し合いも終わるだろうと思っていたようだった。

「どんなに時間がかかろうと、ちゃんとお金が返ってくれば、担保なんかいらないんじゃないですか。あなたがたが本当に求めているのは、きちんとお金を返してもらうことですよね」

「そうです。お金が返ってくれば、それでいいんです」支店長は言った。「しかし、同時に担保も必要です。それが私たちにとっては保証となるわけですから」

「私にはそんなものは無意味に思えますね。最も貧しい人たちというのは、一日に一二時間も働いているんですよ。彼らは食べるために、物を売って金を稼がなければならないんです。次の日も生きていくためには、まずあなたたちに金を返して、それから翌日分の金を再び借りなければならない！　そのことこそ、あなたたちにとって一番の保証なんじゃないでしょうか。彼らの生活そのものが保証になりうるんです」

支店長はうなずいた。「あなたは理想主義者ですよ、教授。あなたの言っていることは、書物や理論の中でしか実現しないんです」

「金が戻ってくることがはっきり分かっているなら、担保というのはなんで必要なんですか？」

「銀行の規則だからです」

「つまり、担保のある人だけが金を借りられるっていうことですか？」

「そうです」

「ばかばかしい規則だ。それじゃ、裕福な人しか金を借りられないじゃないですか」

「私が規則を作ったわけじゃありませんからね。銀行が作った規則なんです」

「それなら、規則を変えればいいと思うんですがね」

「とにかく、ここでは金を貸せません」

「できないとおっしゃる？」

「できませんね。私たちの仕事は、ここで教職員や大学から預金を集めるだけなんですから」

「でも、新しいローンの融資先を見つけないと、銀行は金を稼げないでしょう」

「ローンを組む権限は本店にしかないんですよ。私たちはここで、大学とそこで働いている人々から預金を徴収しているだけなんです。私たちが〈三人農場〉に対してローンを行なったのは、本店が特別に認めた例外にすぎないんです」

「ということは、私がここへ来てあなたに金を貸してくれと頼んでも、あなたは金を貸してくれないということですね？」

「そのとおり」彼は笑った。支店長ともあろう人物が、午後のそんな長い時間のんびり腰を落ち着けていられないのは明らかだった。

「それなら、私が授業で、銀行というのは借りたい人に金を貸してくれるところだと教えているのも、嘘だ、ということになってしまいますね」

「いや、ローンを組むなら本店を通してからでなければだめだっていうことです。それでどうなるかは、私には分かりませんね」

「もっと上役の人と話さなければならないっていうことですか」

「ええ、それがいいでしょう」

私がお茶を飲み干し、立ち上がろうとしたとき、支店長は言った。「あなたがあきらめない方だっていうことは分かっています。でも、銀行業務に関して知っている者として言わせてもらえば、今度のあなたの計画は頓挫《とんざ》するだろうと思います」

「ありがとう」

二日後、私はジャナタ銀行のチッタゴン地方のトップであるハウラダー支社長に会うため、彼のオフィスに出かけて行った。

私は彼に、自分がやりたいと思っていることを説明したのだが、先日、チッタゴン大学支店の支店長としたのとそっくり同じ会話を繰り返すことになってしまった。それに加えて、私の目的を妨げる、銀行経営上の規則をさらにいくつか教えられることになってしまった。

それから数年間にわたって、私は世間が貧しい人々に対してどのように考えているのかについて、多くを学んできた。それまで一度も貧しい人々と一緒に働いたことのない人たちが、まるで貧しい人たちについてすごくよく知っているように話す時の常套句や作り話といったものをリストにすると、次のようなものになるだろう。

●貧しい人々は、何か収入を得るための活動を始める前に、訓練を受ける必要がある。
●クレジットだけでは意味がない。ほかに訓練や市場調査、輸送機関、技術、教育なども一括して必要となるに違いない。
●貧しい人々は貯蓄できない。
●慢性的な貧困が続くと、貧しい人たちは、健全な精神状態や願望といったものが麻痺してしまう。まるで、カゴの中で暮らす小鳥のようなものである。カゴの中の小鳥は外に連れ出されても、どこかへ飛んで行こうとは思わないものだ。
●貧しい女性たちには技術がないので、彼女たちのためのプログラムを考えても無駄である。

●貧しい人々は飢えて自暴自棄になっているので、良識ある判断を下すことができない。

●貧しい人々は生活についての見方も非常に狭い視野で考えている。だから、暮らしを変えるといったことには、何も興味を持たないのだ。

●貧しい人々（特に女性）の間では宗教や因習の影響が大変強いため、そういったもの以外の指示を受けても何も行動できない。

●地方の権力構造が非常に大きな力を持ち、しかもしっかりと張りめぐらされているので、クレジット・プログラムなど成功するはずはない。

●貧しい人々に対するクレジットというのは非革命的である。そんなことをすれば、貧しい人々の革命的な精神を殺してしまうことになり、今の現状を、まるで賄賂でも受け取るように甘んじて受け入れさせてしまうのだ。

●クレジットは貧しい人々を、豊かな人々に対抗して団結させ、今ある社会秩序を崩壊させる巧妙なやり方である。

●女性が借りた金や働いて得た収入を自分の手許に置いておくことは不可能である。夫たちは死ぬほど彼女たちを痛めつけ、必要な時には彼女たちの金を奪って持って行ってしまうだろう。

●貧しい人々は、自分で自分自身の面倒を見るよりも、誰かに仕《つか》えることの方を喜ぶ。

●貧しい人々に対するクレジットは非生産的なものである。借金を返せない貧しい人たちの小さな肩に、返済の重荷を押しつけるようなものだ。だから貧しい人たちは、借金を返すために(返済を迫られたりして)、ますます貧乏になっていくのだ。

●貧しい人々が自立した職業に就くのを奨励すると、賃金労働者不足が起こってしまう。そうなれば労働賃金が急騰し、生産コストが上がり、インフレを引き起こし、農業生産にも逆に悪影響を引き起こすだろう。

●女性に対するクレジットの範囲を広げると、家庭内での女性の伝統的な役割に悪影響をもたらし、夫との関係も悪くなるはずだ。

●クレジットも時には役立つかもしれない。しかし、長い目で見ると、社会の構造を公正に改革するうえで役に立たない。

リストは尽きることなく続く。こうした話はしかし、半分は本当でもあり、私たちの社会に深く根づいているので、地球上のあちこちで同じような話を耳にすることが多いのだ。そのどれもが一見もっともらしい説得力を持っているものの、実際には誇張されているものがほとんどである。そこで言われていることの多くは、貧しい人々が農業、商業、工業のどれに従事しているかには関係ない。ただ単に、貧しい人々と豊かな人たちに対して一般に言われていることを強調しているにすぎない。批判めいた言葉は、ローン・プログラムがどのように運営されていて、貸付や返済をどのように計画して実行しているか、ということに関連している。

しかし、そんな作り話（担保が必要だ、といったような話）のいくつかは、しごく当然なものとして受け止められている。人口のかなりの部分を占める層にとってバリケードや障害物のように立ちはだかるこうした作り話を下敷きに、人々は社会の構造や政策を作り出そうとしているのだ。そして同時に、別の階層の人々に対する偏見を植えつけているのである。

ジャナタ銀行のチッタゴン支社で話をしているうちに、ハウラダー支社長はこう言った。

「政府は貧しい人々を助けようとしています。だから、あなたがもし、その村で金を借りたい人たちの保証人になってくれる人を見つけ出せれば、銀行はその人に対して、担保なしでも金を貸せるのではないかと思いますね」

私は考えた――そのアイディアには明らかにメリットがある。しかし、欠点を乗り越えられないようにも思えた。

「そんなこと、私にはできません」私は説明を始めた。「だいたい、その保証人になった人が、金を借りる人たちの弱みにつけこんだりしないようにするには、どうしたらいいんです？　しまいには彼は暴君になって、金を借りた人たちを奴隷のように働かせる可能性だってあるんですよ」

私たちは沈黙してしまった。ここ数日の間、私は何人もの銀行員と会話を交わし、私がジャナタ銀行自体のやり方に反対しているのではなく、銀行というシステムすべてに対して反対しているのだと言い続けていた。

「私が保証人になったらどうでしょう」と私は尋ねた。

「あなたがですか？」

「私をそのローン全額の保証人にしてもらえますか」

支社長は笑った。

「ローンの全額って、一体いくらくらいになるとお思いですか？」

何か間違いがあったときのためや、その後の可能性を広げるために余裕を持っておくべきだと考えて、私は「すべてひっくるめても、一万タカ（三一五ドル）くらい。それ以上にはならないでしょうね」と答えた。

「なるほど」彼は机の上に置いた書類を指でいじり回しながら、その答えにうなずいた。

彼の後ろには、ずっと昔に綴《と》じられたらしい、薄汚れた書類が山積みになっていた。頭の上にあるファイルは巨大な薄青いバインダーで綴じられていて、そのいくつかは、窓のところにうずたかく積まれてフラフラと揺れ動いていた。

頭の上でくるくる回る扇風機のおかげで、涼しい風が送られてくるのだが、ファイルには重しが載せてあったので、その風のせいで落ちてきてメチャメチャになることはなかった。彼の机の上では、あらゆる書類が絶えずパタパタと音をたてている状態だった。しかし、書類は机にしっかりと固定されたまま、彼の指示を待ち受けていた。

「そうですね、これくらいの額であれば、あなたを保証人として認めてもいいと思います。しかし、これ以上の額は無理ですよ」

「もうこれで十分です」

私たちは握手をした。そして私は付け加えた。

「しかし、借り手の誰かが金を返済することができないからといって、私は代わりに返済しようとは思いませんよ」

支社長は私を不安げな面持ちで見つめた。なぜ私が支払わないのか分からない、といった表情であった。

「保証人なんですから、あなたには支払っていただくよう強く求めますよ」

「あなた方はどういう態度に出るのです？」

「あなたに対する法的手続きに取りかかるでしょう」

「いいですねえ。私もそうしようかな」

彼は、私が狂っているとでも言いたげに私を見つめた。別に狂ったわけではなくて、私はただこの不公平なシステムに、何かひと騒動引き起こしてやろうと思っただけだ。銀行のシステムこそ狂っている。私は、歯車を止めたいのだ。そうすれば極悪非道の機械そのものも停まるだろう。私は確かに保証人には違いないが、私自身が保証をする義務はない。

「ユヌス教授、あなたもよくお分かりかと思うんですが、私たちは個人的に物乞いの借金の保証人になろうという学部長を訴えるようなことはしません。あなたから金を取り返して埋め合わせできても、悪い評判が立つだけでしょう。いずれにせよ、そのローンは小額ですから、それでは訴訟費用の足しにもなりません。私たちが金を支払ってもらうためにかかる経費よりも、ずっと少ない額ですからね」

「あなた方は銀行でしょう。だから、あなた方は融資から利益を上げられるかどうか、独自の分析をした方がいいんじゃないですか。でも、私は滞納があっても支払いはしませんよ」

「やっかいな方ですね、ユヌス教授」

「それは申し訳ない。でも、銀行こそ人々にとってはやっかいな存在だと思いますよ――特に貧しい人々にとってはね」

「私は手助けをしようと思っているんですよ、教授」

「それは分かっています。でも、私が非難しているのはあなたじゃない。私が不満を言っているのは銀行の規則そのものに対してなんです」

そうやって何度か押し問答をした挙げ句、ハウラダー支社長はこう結論を出した。「このことは、ダッカの本店にゆだねることにしましょう。本店がなんと言ってくるのか、見守ることにします」

「でも、あなたはこの地方のトップなんですから、この問題に結論を出せる権力を持っていらっしゃるはずではないんですか？」

「ええ、もちろんそうです。ただ、今度の問題は、私一人で解決するにはちょっと変則的すぎます。判断には本店の許可が必要です」

このローンが承認されたと返事が来るまで、六カ月もかかった。一九七六年一二月、私はようやくジャナタ銀行からローンを借り、ジョブラ村の貧しい人々に貸し付けることができた。

一九七七年の間はずっと、私はあらゆるローンの申込書にサインをし続けなければならなかった。ヨーロッパやアメリカに出かけているときでさえ、アシスタントが必要な書類をすべて私に送ってくるので、私はそこにサインをしなければならなかった。銀行は借り手と直接やりとりすることはなかった。私が保証人なのだ。銀行側にとって私は唯一の窓口だった。実際、銀行は彼らの金を使っている、本当に貧しい人々とは接触しようとしなかった。彼らは借り手と直接取引しようとはしなかったのだ。こうすることによって、銀行が関わろうとしない本当の借り手たちが、銀行にのこのこ出かけて行って、侮辱されたり、品位を傷つけるような嫌がらせを受けることもなくなった。

私は、世界の銀行の基礎原理を発見した。それは「金を持っている人は、もっと多くの金を手にすることができる」ということだった。逆に言えば、「金を持っていない人は、それ以上の物を手にすることができない」ということである。

おそらく知らぬ間に、銀行は〝金を貸すに値しない〟階級の人々を、〝関わることができない人々〟と定義づけてしまったのだろう。なぜ銀行家たちは担保をとることを主張するのだろうか？ なぜ、それが絶対必要だというのだろうか？ なぜ銀行システムの設計者は、経済的差別《ファイナンシャル・アパルトヘイト》を生み出すようなやり方を選んだのだろうか？ 私は、そういった考え方や概念といったものが、疑問も持たずに次の世代に受け継がれていってしまうのではないかと思う。

私たちグラミンにいる人々は必死になって、担保が前提だという銀行の基礎原理に対して疑問を提示し続けてきた。結局のところ、自分が正しいのかどうか、私にもよく分からなかった。自分でもどうやって進んでいけばいいのか分からなかったのだ。私は暗闇の中を手さぐりで歩きながら、どうやって歩いていけばいいのかということを経験的に学んでいるのだった。私たちの仕事は、経済援助の手を差し伸べられない人々を、現実に手を差し伸べられる位置にまで引き上げ、彼らがその位置にずっといられることを示すために、闘うことであった。

私が非常に驚いたのは、担保もない借り手たちの資金の返済状況が、大きな財産で支払いを保証している人々に比べてずっといいということだった。実際、私たちのところで資金を借りている人たちの九八％以上が、きちんと返済していた。貧しい人たちには、その資金は、今の貧しい生活状況を打ち破ることができる唯一の機会だということがよく分かっているからだ。彼らには、頼るべき蓄えといったものは何もない。だからこそ、このローンの返済に失敗したら、生きていくことさえ危うくなることが分かっているのだ。

逆に裕福な人々は、法律があるということさえも全く気にしなくなってしまう。彼らは法の網をくぐり抜けるやり方を知っているからだ。底辺であえぐ人々はあらゆることを恐れながら、いい仕事につきたいと思っている。そうしなければだめだということが分かっているからだ。彼らに選択の余地はないのだ。

そうやって、貧しい人々は、自分が障壁に取り囲まれていることに気づくのだ。

貧困というものは、私たちを押しつぶすための数字のパレードではない。

貧困というものは、ナチスが人々を殺すために閉じ込めていた強制収容所のようなものでもない。

貧困とは、人々の周りを高い壁で取り囲むようなものなのだ。グラミンは、その壁の中にいる貧しい人々が、ほんの一日か二日、他の人たちに比べて楽しく暮らせればいいと思って物資を投げ込んだりするようなことは一度もしてこなかったし、これからも決してしないだろう。グラミンや、世界中にあるグラミンをまねた組織は、人々が意志を持ち、力をつけて、自分の手で周りにそびえる壁を叩き、いずれは自分の力で壁を壊すことができるようにさせたいと思っているのだ。

世界中で、非常に多くの人々が、貧しいなかで生きることを受け入れ、貧しいなかで生きているのである。

貧困とは、人間の心と身体を麻痺させてしまう病気なのである。

金貸したちを社会から追い払う簡単な方法がある。銀行がきちんとした制度に基づくクレジット業務を行なうことだ。金貸しも銀行も両方とも、金を貸しているわけだから、自由な市場環境で両者を競争させればいいはずだ。

貧しい人たちの要求を満たせるような公式な機関がないから、クレジット市場では債務不履行が起こり、その結果、金貸したちは市場を乗っ取ってしまい、ますます私利私欲を追求するようになってしまっているのだ。こうして多くの人々が、貧困への道をまっしぐらに進まざるを得なくなってしまっているのである。

大勢が貧困に陥ってしまうという状況を食い止め、そして一方通行的にただ貧困へと陥っていくのを防がなければならない。経済構造が整備され、双方向への流れが生まれれば、そうしたことが可能になるだろう。

私たちのところに最初に金を借りに来た人の一人、アマジャン・アミーナの半生について聞けば、マイクロクレジットが路上の物乞いたちにどんなことをしてやれるかが明らかになるだろう。

アマジャンの家には六人の子どもがいたが、そのうち四人は飢えや病気で死んだという。二人の娘だけが生き残った。彼女の夫はずいぶん年上で、病気にかかっていた。この数年間というもの、夫は家の財産のほとんどを治療のために費やしてしまった。

夫が死んだ時、アミーナに残されたのは家だけだった。彼女は四〇歳になっていた。四〇歳といえばかなりの年齢だ。バングラデシュの平均寿命は世界の標準とは反対で、女性の方が男性よりも短い（男性五八・四歳に対し、女性は五八・一歳）。彼女は読み書きができず、それまで働いてお金を稼いだことなどなかった。親戚の者たちが、彼女と子どもたちを、もう二〇年も住み続けているその家から追い出そうとしたが、彼女は頑としてそこを離れようとしなかった。

彼女は家々を回って手作りのクッキーやケーキを売り歩くようになった。しかし、ある日彼女が家に戻ってくると、義理の弟が屋根のトタン板をはずし、売り払おうとしているところに出くわした。買い手の職人がちょうど忙しく動き回っているところに帰ってきてしまったのだ。

それから雨季がやってきた。彼女は凍え、空腹で、何か食べ物を作って売り歩くためのお金さえもないほど貧しかった。彼女は子どもたちに食べさせるのだけで精一杯だった。アマジャン・アミーナは誇り高き女性だったので、わざわざ少し離れた村へ行って物乞いをした。彼女の家には雨を防ぐ屋根がなかったので、モンスーンがやってくると、泥の壁は壊れてしまった。ある日彼女が戻ってくると、彼女の家はすっかりつぶれていた。彼女は叫んだ。「娘はどこにいるの？　私の子どもはどこ⁉」

彼女は崩れた家の下で、大きい方の子どもが死んでいるのを見つけた。

私の仲間であるヌルジャハンが彼女に会ったのは一九七六年のことだった。アマジャン・アミーナは、唯一生き残った子どもを腕に抱きかかえていた。彼女はお腹を空かし、悲しみにうちひしがれ、自暴自棄になっていた。

銀行はもちろん、どんな金貸しも彼女にはお金を貸さなかった。しかしグラミンは彼女に資金を貸し付け、その金で彼女は竹の籠を編んだ。彼女は死ぬまでずっとグラミンからの貸付を受けた。今では彼女の娘がグラミンの仲間になっている。

私たちはそんな話を、文字通り二〇〇万も聞いてきた。その一つひとつが、私たちの仲間の人生の物語なのである。

第二部　実験段階（一九七六年〜一九七九年）

10　男性ではなく女性に貸す理由

バングラデシュでは昔から、銀行で性差別が行なわれていた。銀行は女性には金を貸そうとはしないのだ。

私がこのことをいうと、銀行員の友人たちはみな怒り出す。彼らは私にこう叫ぶのだ。

「町中に設置されている〈女性支店〉を見たことがないのかい？　女性だけのために作られているんだよ」

私は答える。「ああ、よく見てるよ。見すぎて、裏側にあるものまで見えてしまうほどだよ。君たちは女性に金を預けてほしいだけなんだろう？　だから〈女性支店〉なんか作ったのさ。でも、彼女たちの中に、金を貸してほしいっていう人が出てきたら、どうするつもりなんだい？」

バングラデシュでは、女性の場合、たとえ裕福な女性であっても、銀行で金を借りたいなどといえば、支店長が出てきてこう尋ねるに違いないのだ。「御主人とはご相談されたのですか?」

彼女が「ええ、相談しました」と答えれば、支店長はこう言うはずだ。「それなら御主人はあなたのこの申し込みを支持してくださっているのですね」

それにも「ええ、しています」と答えようものなら、彼は次にこう言うだろう。「それでは、どうぞ御主人をここへお連れいただけますか? そうすれば私たちはここで御主人とその件をご相談できますから」

しかし、支店長もきちんとした男性の借り手には、そんなことを尋ねようとは夢にも思わないはずだ。たとえば「奥さんとローンを申し込むことについてよく話し合ったのかどうか」とか、「ローンの目的について話し合いたいから奥さんをここにつれてきてくれ」などとは決して言わないはずだ。そう考えれば、このことがどんなに恥じるべきことかが、よく分かるだろう。

そんなことから、グラミンが女性を最も優先したのは、偶然の出来事などではない。発足当時、バングラデシュ全体の数を合わせても借り手のわずか一%にも満たない女性たちを優先したのである。私は銀行のシステムそのものに、性差別が根強く横たわっていると強く思っていた。

私たちは銀行が女性差別をしていることに抗議する一方で、自分たちの実験的プロジェクトでは、少なくとも借り手の五〇%以上は女性にしようと考えていた。

私たちが援助の手を差し伸べる女性の数がかなり多くなってくるにつれて、ある重要な事実が見え始めてきた。

私たちは女性の借り手を優先しなければならなかったのだ。女性だからだめだなどという理由はどこにもなかった。逆に、もっと女性たちを優遇してもいい理由が見つかったのだ。

私たちがかかわればかかわるほど、それは明確になってきた――すなわち、女性にクレジットを貸し付けた時の方が、男性よりもずっと変化が早いということだ。

その理由は、飢えや貧困の問題が、どちらかというと男性よりも女性が抱えている問題だからだろう。女性の方が男性よりもずっとひどい飢えや貧困といった状況を経験している。もし、家族のうち一人が食事ができない状況になったら、母親が食べないでいるというのは、もはや不文律だった。母親は飢餓や食糧難の時期には、赤ん坊に母乳を飲ませることもできないという、非常にショッキングな体験をしなければならなくなる。

バングラデシュで貧しいということは、誰にとっても耐えがたいことである。しかし、そのなかでも〝貧しい女性〟であることは、とりわけ耐えがたい困難であるに違いない。それゆえ女性たちは、ほんの小さなチャンスであっても、そのひどい貧困から抜け出せるのなら、どんなに大変な闘いだってするのである。

貧しい女性というのは、私たちの社会ではきわめて不安定な存在である。たとえば、女性は夫の家では不安定な存在である。というのも、夫がそうしたいと思えばいつだって、彼女はその家から追い出されてしまうからだ。夫はたった三度「お前とは離婚する、お前とは離婚する、お前とは離婚する」と唱えるだけで、妻と離婚することができる。彼女は読み書きができないし、たいていの場合、彼女がいくら願っても、家から出てお金を稼ぐことなど許されないのだ。夫の実家では、彼女はもっと不安定な存在だ。実家である両親の家にいたとしても、不安定になる理由はいくつもある。実家にいても、彼女が家から出て行ってくれれば食いぶちが一人少なくなるのにと思われているのだ。もし、彼女が離婚して両親の元に戻ったとしても、彼女はそこでも惨めなままで、必要とはされない。だからこそ、何か機会さえあれば、貧しい女性たちは、自分を守るものを築き上げたいと思っているのだ。自分を守ることができる、経済的な保証を築き上げたいのだ。

私たちの経験からすれば、貧しい女性たちは男性よりもずっと早く、しかも上手に自立することができる。

貧しい女性たちは、最も苦しんでいる人である。だから、彼女たちはビジョンを持ってより遠くを見つめ、貧困から抜け出そうと自ら進んで一生懸命働くのだ。

女性たちは、子どもたちが今よりももっといい生活ができるようにといつでも心を砕いている。そして、彼女たちは男性よりも行動的だ。

全体的に見ても、女性を通じて家計に金を行き渡らせた方が、男性を通じて金を入れるよりも、家族の利益という点ではよっぽど効果的なのだ。

ところが、家族の一番上の位置にいる男性には、他の家族とは違う優先順位を持っている。貧しい父親は、もし特別の収入があったら、まず自分のことを真っ先に考えるのだ。こうしたことが分かっているのに、なぜグラミンがわざわざ男性を通して家庭に近づかなければならないのか。

もし、貧しい母親に特別の収入があったなら、彼女たちは例外なく子どもたちのことを真っ先に考えるだろう。

一般的に、母親が収入を得た時に、一番優先順位の高いところにいるのは子どもたちだ。次に優先するのが家庭だろう。彼女は新しい家庭用品をいくつか買いたいと思ったり、屋根をもっと頑丈なものにして、家族の生活状況をもっとよくしたいと考える。借り手の中には、とても興奮して新聞記者を呼び止め、彼女が自分と家族のために買ったシングルベッドを披露した女性もいた。

経済発展の最終ゴールに、標準的な生活レベルの向上、貧困をなくすこと、きちんとした仕事に就くこと、不平等の是正などという事柄が含まれるならば、女性とともに歩もうとするのはきわめて自然なことなのである。女性というのは貧しい人々の中で多数を占めていて、職もなく、経済的にも社会的にも不利な立場に置かれている。母親は夫よりも子どもたちと一緒にいる時間が長いのだから、そうした切り口から見ても、女性はバングラデシュの未来を開く鍵となるはずだ。

グラミンでは、男性と女性の借り手を比べて、彼らがどのように資金を使ったかということについて調査してみた。いろいろなケースを調べてみた。

そうした結果を踏まえて、私たちは次第にもっぱら母親のみに焦点を絞って金を貸すようになったのだが、それは簡単なことではなかった。彼女たちの夫が、まず最初に、しかも最も強力に反対したからだ。次に反対したのが宗教家《ムーラー》だ。それから、専門家たち、政府の役人なども反対に回った。

夫たちはほとんどの場合、自分たちにローンを貸してほしいと言ってきた。だが私たちは女性たちの最大の不幸は、自然災害でもなくサイクロンや飢餓などでもなく、彼女たちが稼いだお金を盗んで街で遊んで使い果たしてしまう夫たちだ、というのをよく借り手から聞かされていた。

宗教家《ムーラー》や金貸したちも、グラミンを村々における彼らの権力に対する直接的な脅威と見なすようになった(19章を参照のこと)。

彼らが反対することは、私には最初から分かっていた。しかし私が驚いたのは、教育を受けた公務員や専門家たちまでが、反対意見を唱え始めたことだ。彼らはこう主張した。「大勢の男たちが仕事も収入もなくて困っているっていうのに、女に金を貸すとは、まったくくだらないことを考えるもんだ」

こんなふうに言った人もいた。「なんで女なんかに金を貸すんだろうなあ。あいつらはただダンナに金を渡しちまうだけなのに。あんたたちがしてることで、女たちは前よりずっと食いものにされるんじゃないのかい」

もちろん、私たちが経験してきたのは、そんな話とは全く反対のことだった。女性たちに家計を握らせることこそ、彼女たちが家族の中で人間としての権利を得るための最初のステップなのである。

政府の役人たちの多くも、私たちの狙いがはっきり分かっていないようだった。実際に、私たちが女性にお金を貸そうとしていることを知って、ある中央銀行の役人が脅しの手紙を書いてきたこともあった。

「なぜ君たちの銀行の借り手に女性が多いのか。そのことについて、ただちに完全なる説明をせよ」

彼の手紙の文体はとても無礼なものだった。まるで私たちに対する訴訟申請書のようだった。私は返事を書き送ってやった。

「われわれのグラミン・プロジェクトにおいて、なぜ女性の借り手の割合が高いのか、そのことについてご説明する機会が持てることになり、とても幸せでございます。しかし、その前に、どうしても知りたいことがございます。中央銀行はこれまでどちらかの銀行に、『なぜ男性の借り手が占める割合が高いのか』というお手紙を、お送りになったことがあるのでしょうか」

この手紙に対する返事はとうとう来なかったし、最初の手紙に対する返答の催促も、同じように求めてはこなかった。

しかし、世界を旅していると、この問題は何もバングラデシュに限らないのが分かる。どんな開発計画でも、女性の経済力はほとんど認められていないのだ。なぜ、このことに気づかなかったのだろう。

バングラデシュでは〈パルダ〉のせいで、女性は家の中に閉じ込められ、彼女たちの経済的な価値は男性に比べてきわめて低いものとされてしまう。しかも、いずれ結婚するときには女性の家族は結婚持参金《ダウリ》を支払わなければならないから、女性の存在は家族にとって重荷以外の何物でもない。

夫から暴力を受けていた女性がかつてどんなふうに扱われていたか、独自に調査を行なってきたのだが、その結果は彼女がグラミンに参加した後の暮らしとは比べられないほど、とてもショッキングなものだった。

11　パルダで隠されている女性たち

貧しい女性たちが銀行から金など借りたことがないという国で、どうやって女性の借り手を見つけるのだろうか？

たとえば、こんな掲示板を掲げるというのはどうだろうか。

「すべての女性たちへ。女性向けの特別ローンをご用意している私たちの銀行へ、どうぞいらしてください！」

人目につきやすい掲示板は、広い範囲に伝わる伝達方法だし、無料で宣伝できるのもいい。けれども、それでは本当に女性の借り手を見つけることができない。というのも、バングラデシュの場合、農村では女性の八五％は文字が読めないから、看板は全く用をたさない。また、彼女たちは夫と一緒でなければ家から自由に出ることができない。

女性たちが私たちのプログラムに興味を持ってくれるまでの間というのは、とても大変な時期だった。最初は、自分からやってくる女性の借り手などいなかった。そこで私たちは、女性の借り手を自ら進んで探し出さなければならなかった。

　そして私たちは数々の秘訣と技術を編み出したのだった。


〈パルダ〉（″カーテン″とか″布″という意味）という社会的慣習があるために、私たちは最初、女性の家に入っていくこともままならなかった。

〈パルダ〉は、女性の慎《つつし》み深さと純潔を守るというコーランの教えに由来している。最も保守的な解釈によると、女性はごく近い血縁の男性を除く、あらゆる男性の目に触れないように隠しておかなければならない。だから女性たちの多くは、家の外に出ることもできず、近所の家を訪れることさえできないのだ。

　ジョブラ村のような田舎の村では、〈パルダ〉は昔からのイスラムの教えだと信じられているが、実際はそうではない。それは、「法律学者《ムラー》」の名を騙《かた》り、村の小学校や〈マカタブ〉で宗教を教えたり、村人たちにイスラムの教えを講釈していた男たちによって伝えられ、定着したものなのである。

　にせの法律学者は、文字の読めない人ばかりの村では宗教的権威のある人だと尊敬されていた。しかし、彼らの多くはたいしたイスラムの教育も受けておらず、彼らが教えたものもコーランの教えとは限らなかった。

〈パルダ〉がそれほど厳格に守られていない地方においても、習慣、家族制度、伝統、礼儀作法などが、男と女を隔てる役割を果たしている。ましてやバングラデシュの農村では、男女の区別は人々の生活を強く制限していた。

だから、私が村の女性たちに会おうとしたときも、彼女たちの住む家のドアをいきなり叩いたりするようなことはできなかった。その代わり、私は家々の間の空き地に立った。そうすればどこからでも私を見ることができ、私が何をしようとしているのかを監視することができるからだ。そして、私は待ち続けた。私が彼女たちの私生活や、彼女たちの礼儀正しい規則を尊敬しているということを分かってもらいたかったからだ。

私は一度も椅子を求めたり、尊敬しているような素振《そぶ》りを要求したことはなかった。村人たちは権威のある人の前に出ると、右足を引いてお辞儀をしたりするものなのだが、私は銀行と借り手との間にどんな小さな距離も作りたくなかったのだ。私は彼女たちの家のドアの前に立ち、できるだけ友人に話すような態度で話しかけ、私たちが何をしようとしているのかということを彼女たちに説明しようとした。時には何か面白い話をしようとしたこともあった。ユーモアというのは、人に近づくにはいい方法なのだ。

私は共労者たちにいつも、子どもたちに対しては偽りのない愛情を示せ、と言っている。自然にわき上がってくる気持ちを示すだけではなく、時にはその気持ちをあえて示すことが、母親の心に直接近づく方法になることもあるからだ。それから、学生や共労者たちには、高価な服や飾りたてたサリーは着ないようにと言っている。

私はたいてい、女子学生を一緒に連れて行った。女子学生ならば仲介者として家の中に入っていくこともできるし、私を紹介し、私の味方になって話してくれる。最初に、金を借りることができると伝えに行ったときには、この方法を選んだ。仲介者の女子学生は、女性たちが抱いた疑問はどんなものでも聞きつけて、私のところに伝えてくれた。そうすると私はその疑問に答え、女子学生がその答えを携えてまた家の中に入っていく。時には彼女は一時間以上も家と私のところを、行ったり来たりすることもあったが、それでもグラミンのローンが必要なのに、家に隠れたままでいる女性を、納得させることはなかなかできなかった。多くの場合、結局は思った通り失望して、その家を離れることになった。しかし、翌日またここにやってこようと思ったのも確かだ。

女子学生を仲介として、私の言いたいことをすべて村の女性たちに伝えさせ、彼女たちからの疑問をすべて言わせることの繰り返しに、私たちはとてつもない時間を費やしていた。時には仲介者が私の考えをよく理解できていなかったり、女性が語った問題点をすべて伝えられないようなときもあった。そういうときには女性たちは私たちを遠くへ押しやって、もう二度と来るなと言ったりした。時には、女性の夫が私に対して怒ったこともあった。そんなとき私は、自分が大学の学部長だということを伝え、夫を安心させるために、ここにやってきた理由を説明したりした。しかし、そうすると夫たちはほとんど、妻ではなくて自分にローンを貸してくれるように求めてきた。

ある日、私はある村の家々の間の空き地に立っていた。空は曇っていて、まもなく雨が降り始めた。それはモンスーンで、ほどなくして雨は激しくなった。家にいた女性が傘を貸してくれたので、私は雨をしのぐことができた。私自身はたいして濡れていなかったのだが、家の中にいる女性は、雨に濡れながら家と私との間を何度も往復してくれている女子学生がかわいそうになったのだろう。家の女性がこう言ってきた。

「先生は隣の家で雨宿りしていてください。隣は空き家なんです。そうすれば、この女子ももう雨に濡れずにすむでしょう」

家に招き入れてもらったのは、そのときが最初だった。

そこは典型的なベンガル人の家だった――小さな部屋で、電化製品など一つもなく、床は汚れ、椅子やテーブルさえもなかった。私は暗闇の中でベッドに一人腰掛け、待っていた。すると、素晴らしいごちそうのにおいがしてきた。この家は竹の壁と戸棚で、隣と仕切られていた。隣接する家に、仲介者の女子学生が入っていくたびに、彼女たちが話す声が聞こえた。しかし、彼女たちは声をひそめていたので、よく聞こえたわけではなかった。仲介者が戻ってきて、彼女たちが言っていることを私に伝えると、隣の家の女性たちは竹のしきり壁に身を押しつけて私の答えを聞こうとした。コミュニケーションの方法としては理想とはほど遠いやり方なのだが、外で雨の中に突っ立っているよりは、はるかにましなことは明らかだった。

二〇分ほどすぎると——私たちは互いの声を聴いていたが、話をするのは仲介者を通してだった——逆側の壁の方に住んでいる女性が、女子学生を飛び越えて、私に直接意見を浴びせたり、疑問を投げかけてきたりした。彼らがいつも話しているチッタゴン方言でだった。私の目は暗闇になれてきていたので、私は仕切りの割れ目から覗き込んで私を見ている人影がはっきりと見えた。私がチッタゴン方言を流暢に話せることが助けとなったのは言うまでもない。

彼女たちの質問というのは、男性たちがする質問と、とてもよく似ていた。「なぜグループを組まなければならないのでしょうか」「なぜいますぐ個人向けローンを貸してくれないのですか?」ということだった。

仕切りの割れ目から私の方を覗き込んでいる女性は、二五人くらいいるようだった。〈アタップ米〉を炊く香りが漂っていた。バングラデシュでは毎日米を食べる。専門家に言わせると、昔、バングラデシュには一万種もの米の品種が育てられていたという話だ。もちろんそのほとんどは今では絶滅してしまったのだが。

西洋人にはプラスチックで真空パックにされた〈ベンおじさんの米〉と、輸入された〈パトナ米〉の違いが全く分からないようだ。しかし、私たちベンガル人は、何世代も米で育ってきただけに、米にも好みがある。私は〈バラム米〉が好きだ。それはベンガル地方では半ゆでで食べる長粒種の米で、とてもおいしい米の一つだ。

大勢が押しかけて仕切りにもたれ掛かって話を聞いていたので、突然、仕切りの一部が壊れてしまった。そのために、彼女たちはこちらの部屋に来て座り、私の話を聞き、直接話をするようになった。顔をサリーの端で隠している女性もいたし、くすくす笑っている人もいた。恥ずかしさのあまり、私の顔を直接見られない人もいた。しかし、これで誰かに私の言葉を繰り返して伝えてもらう必要がなくなった。そのとき私は初めて、ジョブラ村の女性たちのグループと家の中で話をしたのだった。

「あなたと話すなんて、あたしたちはびっくりしてしまうんですよ、先生」ある女性がサリーで顔を隠しながらこう言った。

「お金は夫しか触っちゃいけないもんなんです」私に背を向けて座っているために、私の方からは顔が見えない女性が言った。

「どうぞ、うちの夫にお金を貸してやってください。お金のことは、夫にしか分からないんです。あたしはお金になんか、触ったこともないんですよ。だから別に、お金を借りたいなんて思わないんです」三番目の女性が言った。

「お金のことなんか、知りたくないんです」私の一番近くに座った女性が言った。私からは目をそらして話していた。

「ダメです、あたしには無理ですよ。お金なんかあったって、使うところがないんですから」年老いた女性が言った。「あたしたちはみんな、持参金を払うためにとんでもなく大変な思いをしてきているんです。だから夫とは、これ以上揉め事を起こしたくないんです。先生、あたしたちはみんな、もうこれ以上揉め事に巻き込まれるのはいやなんです」

ここなら貧困に対する決定的な効果が得られるはずだと、私は直観した。彼女たちの夫は妻以外に対して全く力を持っていない。夫たちは自分の欲求不満のはけ口として、妻に暴力をふるったり、暴言を吐いたり、離婚したり、妻たちをまるで動物のように扱っているのだ。こういった肉体的な暴力が行なわれているのがきわめて重大な問題なのを私は知っていた。そして、そういった女性たちの中には男性が伝統的に守ってきた領域――現金のやりくりをすること――に踏み込みたいと思う人はいなかった。

政府は女性を守るための法律を制定してはいたが、今日に至っても、伝統の強い力によって、その法律は大きな効果を発揮していない。とりわけ奥地の農村の女性たちは驚くほど内向的で、お金について論じるのをとても恐れているのだ。

私は彼女たちを恐がらせないように注意しながら言った。「なぜ借りないんだい？　君たちが金を稼げるように手助けしてあげようと思っているんだよ」

「ダメダメ、お金は借りられませんよ」

「なぜ借りないの？　その金を使えば、金を稼いで、子どもにももっといいものを食べさせられるし、学校にだって通わせられるよ」

「ダメなんです。うちの母さんが死ぬときに、誰にもお金を借りるなって言い遺したんですよ。だから、お金を借りるなんてこと、できやしないんです」

「なるほど、君のお母さんは賢い女性だったんだね。彼女は確かに正しいアドバイスをしたよ。でもね、もしお母さんが今生きてたら、きっとグラミンに入れって言うと思うな。お母さんが生きてる時代には、まだグラミンがなかった。彼女はこの実験的なプロジェクトについて何にも知らなかったんだ。そんな時代だったから、お母さんが金を借りるとしたら、ただ一つの方法しかなかった――金貸しから借りることだね。だからお母さんは、君に金貸しのところでは金を借りないようにって言い遺したんだ。全く正しい意見だよ。だって金貸しはひと月に一〇％も利子を取るんだから！　ひと月どころか、一週間でそれだけとることだってあるんだ。でも、もし君のお母さんが僕らのことを知っていたら、彼女はきっと、君にアドバイスしたと思うよ。この人たちの仲間に加わって、それなりの暮らしができるようにしなさいってね」

「どうしてあなたたちは、うちの夫に話さないんですか？　夫なら、お金のこともよく知っているのに」

彼女たちは何度もこう言った。それにはちゃんと答えを用意していた。しかし、彼女たちを説得して私たちのもとでチャンスをつかもうとさせるのは、とても難しかった。彼女たちはこれまでの暮らしで、組織というものに接したことがないのだ。だから彼女たちは、目の前にそびえるものはすべて恐ろしいものだと思ってしまうのである。その恐怖を乗り越えるのは大仕事だった。

こうして、彼女たちの恐れを一つずつ崩していくという過程が、何度も何度も繰り返された。

毎日の仕事の終わりに、私は学生たちの報告を聞き、彼らがその日何をしたのかを聞き出した。彼らはよくたばこの箱の裏側などにメモを取って、借りる可能性のある人の名前を教えてくれた。私たちはそういった人の名前を教え合い、彼女たちの暮らしについての話を語り合い、その後どうすればいいか計画を立てた。

ある日、マリウムという名の女性が一〇〇〇タカ（約三二ドル）貸してほしいと言ってきた。彼女は離婚され、三人の子どもを抱え、家々を回って布を売っていた。私は彼女に最初からそんな大きな借金を背負わせるべきかどうか、確信が持てなかった。返済が困難になるのではないかと心配したからだ。そうなったら彼女の住む村中の人々が、私たちに反対し、状況はますます悪くなるだろう。私たちはもっと少ない額、たとえば五〇〇タカからまず始め、それからどんどん増やしていった方がいいと言ったが彼女は納得せず、困っていた。

彼女の家に行った女性アシスタントが、野原で待っていた私のところに戻ってきた。とうとう私は我慢できなくなり、家に入ってその膠着《こうちゃく》状態を崩そうとした。一ダースくらいの数の女性が家の中にいて、みんなサリーで顔を隠していたのだが、私が入っていくと、クルリと背を向けた。しかし、一人の老婆が私に小さな木の椅子を出して、座るように勧めてくれた。私はこんなたとえ話をし始めた。新しい作物を作りたいと思ったら、まず地面に種を蒔《ま》くことからゆっくり始めるだろう。その植物が成長してもっと多くの種ができたらまたそれを蒔き、最後には大きな収穫を得ることができるようになるだろう、と。最後には女性たちはこちらに向き直り、私たちは面と向かって話ができるようになった。もちろん、顔を隠したままではあったけれど。

その当時は何をするにもとてもゆっくり進めなければならなかった。とてもゆっくりだ。それが今日に続いている。

私たちはモンスーンの時期も〈アッシャー〉の月にも、ずっと村をとぼとぼ歩き続けていた。その時期、人々はヨウサイ、ツルムラサキのような緑の葉野菜や、ゆでると繊細《せんさい》な香りと食感を持つアスパラガスの一種、カチュー・シャークのような野菜を食べ続ける。モンスーンの時期の野菜はどれもおいしい。私の好きな野菜料理は、カチュー・シャーク料理だ。ゆでたシャークに、月桂樹の葉、砕いたクミン、チリ、ターメリックで味をつけるのだ。

私たちは乾季の間もずっと、同じ家に通い続けていた。

これは、私たちがバングラデシュで関わった二〇〇万世帯の暮らしの一例だ。ハジーラ・ベーガムは、一九五九年、ダッカの副行政区であるモノハーディのキラチ・カパシアで生まれた。彼女の父は農園労働者で、六人の娘を養っていくことはできなかった。だから父は彼女を目の見えない男性と結婚させた。その唯一の理由は、その男が持参金を求めなかったからだ。ハジーラと夫は、彼女が家政婦の仕事で得るごくわずかな金で食いつないでいた。しかし、彼女は三人の子どもにちゃんとご飯を食べさせることができなかった。ある日、彼女は夫にグラミンに入っていいかどうかと許しを求めた。しかし、夫はそれがキリスト教の団体だと聞いていたので、イスラム教徒である夫は、もし彼女がグラミンに参加するなら離婚すると脅したのだった。

彼女は誰にも言わずに近くの村へ行き、そこでグラミンの行員が銀行の規則について人々に説明をする会議に何度も参加した。

グラミンに参加するためには、グループの仲間による口頭での試験を受け、銀行の規則をきちんと知っていることを示さなければならない。だが最初の試験のとき、彼女はとても神経質になっていて、質問に全く答えることができなかった。「あたしは生まれた時からずっと、自分が役立たずだと思ってきました。あたしが生まれたことで、うちの親はもっとみじめな暮らしになっただけ。あたしは女だったけど、うちの家族は持参金なんか払えやしません。母さんが、おまえなんか生まれた時に殺しとけばよかったって言うのを、何度も聞きました。あたしは自分が金なんか借りられるような人間だと思えなかったし、借金を返せるとも思えませんでした」

　グループの仲間の助けがなければ、彼女は金を借りるのをあきらめたかもしれない。彼女の最初のローンは二〇〇〇タカ（六〇ドル強）だった。彼女はそれを受け取った時、涙を流した。グループの仲間たちは彼女に、そのローンで、いずれは肉牛になる子牛と、脱穀する籾《もみ》を購入させた。彼女の父親の手でその子牛が家に連れてこられた時、夫はとても喜んで、離婚すると言ったことなどすっかり忘れていた。

　ハジーラは期日通りに最初のローンの返済を終えた。そして次のローンを受けて土地を買い、そこに七〇本のバナナの苗木を植えて人に貸した。残りの金で二頭目の子牛も買った。今では彼女は、水田を人に貸しているほか、ヤギとアヒルと鶏を所有している。

「あたしたちは今じゃ一日に三度の食事をとれるようになったんです」ハジーラは言った。「子どもたちがお腹を空かせるようなこともなくなりました。週に一度は肉を食べる余裕まであるんですよ。子どもたちは全員、高校かカレッジくらいには行かせるつもりです。子どもたちは、あたしがしてきたみたいに我慢することなんかないでしょうね。グラミンのことをどう思うかって？　グラミンは母さんみたいなものですね。いや、〝みたいなもの〃じゃなくて、グラミンはあたしの母さんそのものです。あたしに新しい人生をくれたんですからね」

12　グラミンの女性行員

一九七七年、私たちの銀行で初めての女性行員が二人、働き始めた。二人の名はヌルジャハンとジャナッタ。彼女たち二人が働いて得た経験を通して、私には女性が働くのがいかに難しいことかということが分かった。私たちの文化はどれもみな、女性が外で働くのが難しいようにできているのだ。

女性への不当な扱いや差別は、銀行の借り手に対してだけではなく、グラミン銀行で働く多くの女性に対しても行なわれた。私たちはそれに対しても立ち向かった。

私たちは、行員には村まで一人で歩いて行ってもらっていた。だが女性行員の親たちの多くは、それが娘の品位を傷つける行為だと考えるのである。娘たちが銀行の机の前に座っていることは認めた親たちも、自分の娘が村を一日中歩き回っていることを快く受け止めることはできなかったのだ。

最初のうちグラミンは、私の学生を除いて、女性行員には地元出身者を採用していた。というのも彼女たちにはうちの銀行で働いている間、自宅から通ってほしかったからだ（そうすれば、スタッフに関する多くの問題や、あらぬ噂が広まるのを避けることができる）。

最初、女性行員たちは、借り手のところに歩いて行っていた。すると、そういうことはきわめて珍しいことなので、人々が群れて集まって見に来るようになった。女性行員はどこに行っても二マイルほどの距離を歩いただけで、いろんな人から面と向かって非難された。人々は若い女性が家の中ではなく、その辺にいるのを見たことがなかったからだ。

私たちが行員として採用したのは、たいていの場合、学校を卒業したばかりだったり、花嫁修業中であったり、結婚していても夫が失業しているというような女性たちだった。一般的に、未婚の女性は、採用しても家族から圧力をかけられて、すぐに辞めて結婚してしまう。そのうえ、仕事を持つと、女性たちの結婚願望は急に激しくなった。収入があることで、それまでは重荷にすぎなかった彼女の家庭内での地位が大きく変わるからなのだろう。

銀行員たちが歩き回らなければならない距離というのもまた問題だった。男性ならば自転車に乗ることができる。しかし、私たちの国では、女性が自転車にまたがるなど考えられないことであった。実際、今日でもほとんどの女性の職業訓練生は自転車に乗ることさえもままならない。

私たちは練習用の自転車を買い、クラスを編成し、彼女たちがしっかりと自転車に乗れるように練習した。しかし、地方によっては自転車に乗っていた女性が暴言を投げつけられることもあったという。女性にだって、牛車や小型《ベビー》タクシー、リキシャ、そして自転車に乗る権利はあるはずだ。ところが、きわめて保守的な宗教上の感覚から、女性が自転車に乗るのは許されていなかった。

あれから二〇年が経った今日でも、私たちの借り手の九四％は女性である。そして、私たちが先頭に立って社会を変えようとしてきたにもかかわらず、私たちは相変わらず似たような問題と取り組んでいる。

女性行員たちにずっと勤めてもらうのは、きわめて大変なことだった。典型的な例をあげよう。その女性が結婚している場合、親戚たちが彼女に仕事を辞めるようにとさまざまな圧力をかけてくる。彼らは〝立派な〟女性というものは、村の中を一人で歩き回るようなものではないと考えていた。同時に、何か事件に巻き込まれたときには、彼女が自分の身を守れないに違いないと、心配するのだった。

最初の子どもを産むと、辞めろという圧力はますます大きくなる。二番目、三番目の子ができると、親戚からの圧力は抵抗できないほど大きなものになる。また、彼女自身も子どもとの時間をほしがるようになる。元気な若い女性なら当然の行動として何マイルも歩いていたのに、それも簡単にできることではなくなってしまう。

グラミンでは、勤続一〇年をすぎると行員は退職手当の半分をもらって辞めることができるという早期退職選択制度を行なっているが、それに多くの女性が申し込んでくるのが、そうした圧力のためであるのは間違いない。

ヌルジャハン・ベーガムの話は、私たちの若い女性行員が受けなければならない圧力の典型的な例である。

ヌルジャハンは、ちょうど私たちがグラミン・プロジェクトをスタートさせた時にチッタゴン大学を卒業した研究生だった。彼女は二三歳になっていて、大学でベンガル文学の修士号を取得していた。彼女は保守的な中流階級の家庭の出身で一一歳の時に父をなくしていた。母親は、彼女には結婚して子どもを産んでほしいと思っていた。しかし、彼女は修士号を取ったときに、母親に反抗した。彼女は村で初めて修士号を取った女性で、あるNGO（非政府組織）から就職しないかという誘いをうけていた。彼女は母に懇願《こんがん》した。

「今まで学んできたいろいろなことを役立てたいんです。どうぞ許してください」

ヌルジャハンは何度も母に頭を下げた。しかし、母親は同意しなかった。バングラデシュでは、それなりの家庭で育った少女たちは、働くことなど全く期待されていないのだ。そこでヌルジャハンはまず兄を説得した。彼はNGOで働くのもいいのでは、と同意してくれたのだが、同時に、村の他の人たちがなんというか心配していた。そこで、ヌルジャハンは、仕事を始める日を少し遅らせてくれるように頼んだ。NGOは三度、日程を遅らせてくれた。しかし彼らはそれ以上待てなかった。彼女はそうして就職口を失ったのだった。

ヌルジャハンと面接をした後、私たちは彼女に内定を出した。この時、彼女は母に言った。「お母さんは以前、私が大学の寮に住むのを許してくださいました。今度もそれと全く同じことなんです。私は女子寮に住みます。女の子だけの住まいです。それなら反対できないでしょう」

母親は言った。「どんな仕事をするつもりなの？」

「銀行で働きます。お願いです、お母さん」

ヌルジャハンの兄も一緒になって母に頼んだので、とうとう母親も折れたのだった。

ヌルジャハンの家族は机や電話や秘書もいないような仕事に就くのは恥ずべきことだと考えていた。だからヌルジャハンは、本当はこの銀行にはオフィスもなければ、机もなく、最も貧しい村の中でも一番の貧困地区を訪ね歩き、物乞いや貧乏な女性たちと話をして毎日過ごすのだという事実を、彼らに話すことはできなかった。彼らがもしそんなことを知ったら、無理にでも彼女を辞めさせることは分かっていたからだ。

彼女は一九七七年の一〇月から、私たちと一緒に働き始めた。彼女は、自分の家族がグラミンの実際の仕事について知らない間は、なんとか仕事を続けることができるだろうと思っていた。

ヌルジャハンが働き始めた最初の日、私はアマジャン・アミーナの件についてどうしたらいいと思うか彼女に尋ねてみた。アマジャン・アミーナは、ジョブラ村に住む貧しい女性で、生きることに意味を見いだすことができなくなっていた。私が彼女にそのことを尋ねてみたのには、三つの理由があった。

第一の理由は、新しい行員を奮い立たせるには、貧しい人たちの生活の本当の問題を直接見せ、味わわせるのが一番よいと私が思っているからだ。私はヌルジャハンに、彼女の心の底から貧困の現実に触れさせたいと思ったのだ。

第二の理由は、彼女が実際どう考えるかを知りたかったからだ。つまり私はヌルジャハンを試したわけだ。貧しい人たちと働くというのは並たいていの事ではない。だから働くうちに、行員たちの人生には重大な変化が起こる。ヌルジャハンは修士号を取っているけれど、貧者の銀行で働く者にはもっと多くのものが求められる。心の中に目的と意欲を持つことが必要なのだ。私は行員に対して、借り手に自信と力とを与えるために、貧困と闘って生き残れるだけの質の高さや、コミュニケーション術、そして心理学を学ぶことを求めている。そのほかにもある。借り手と一緒になるべく多くの時間を過ごして、彼らがどのように暮らしているのかとか、彼らの働き方、赤ん坊の泣き方、子どもの育て方、勉強の仕方、成長の仕方などなど、あらゆることを学ぶことだ。

第三の理由は、私はいつでも行員たち一人ひとりと個別に話していることなのだが、ここで働く人たちは、彼らが提供しているもの（クレジットと呼ばれているものだ）の今の時点での成果ではなくて、彼らが顧客としている〝人間たち〟そのものに対して興味を向けるべきだと思うからだった。

彼らは顧客を完全な人間として見ることを学ばねばならない。彼らは借り手たちに仕えて働いているのであって、借り手たちの生活を変えるための手助けをするのが本当の仕事なのだ。行員たちは製品を売ったり、サービスをしたりということはめったにしない。そういうことは借り手の目的をなしとげるための一つの手段にすぎないからだ。

貧しい人々と銀行とが、互いに恐れを抱かずに相互作用が生まれるようにするための最も簡単ないい方法は、行員たちが借り手の生活について知るべきこと、そしてどんな問題があるのかということを、何でもいいから見つけ出すことなのはいうまでもない。

そんな理由から私はヌルジャハンに話しかけた。「アマジャン・アミーナに実際に会ってみて、彼女と触れ合い、彼女の心理状態を理解するようにしなさい。最初の日はペンや紙は持たずに行くんだよ。彼女の信頼を得るためにね」

彼女は仲間のアサッドと一緒に出かけて行った。

アマジャン・アミーナは彼女に尋ねた。「この人、あんたのだんなさん？」

「違いますよ」ヌルジャハンは答えた。「彼は単なる仲間です」

「なんで、あんたはだんなでもない男と一緒に、あたしたちに会いに来たんだい？」アマジャン・アミーナがまた尋ねた。〈パルダ〉に従わないヌルジャハンを疑ってかかったのだ。

しかし、少しずつ、一日ごとに、ヌルジャハンは自信をつけてきた。新入りの行員たちの訓練の一つに、そういった経験をいくつこなしたかを数字で書きこむというのがあった。

ある日、ヌルジャハンの義理の妹の兄という男が、家族間の連絡を伝えにやってきた。彼が私たちの事務所（当時は一つしかなかった）に着いてまず見たのは、波形のトタン板を屋根にした粗末な小屋で、そこには電話もなく、トイレも水道もないという事実だった。彼はとてもショックを受けた。というのもそれは、彼がイメージしていたに違いない普通の商業銀行とは全く違ったものだったからだ。

支店長のアサッドは、ヌルジャハンの親戚の男に、彼女は外に出ていると伝えた。そこで男は外に出た。そして、彼女が木の下の草の上に腰を下ろして、村の女たちと話をしているところに出くわしてしまった。ヌルジャハンはとても動転して、とっさに嘘をついた。

「今日は特別なお仕事をしているんです。だからご心配なさらないでください。どうぞ、あなたがここでごらんになったことは、母には伝えないでください」

しかし、男は伝えてしまった。

彼女の母親は怒り狂った。母親は、バングラデシュで最も保守的な宗教観の持ち主の一人であり、イスラムの教えに従って〈パルダ〉の習慣を守り、娘は家の中に隠しておくべきだと考えていたからだ。母は決して外出しなかった。自分の子どもにも会いに行こうとはせず、仕方なく子どもたちはみな自分から彼女に会いに行かなければならないほどだった。だから彼女はヌルジャハンが広々とした空の下で働いているなんて思いもしなかったのだ。そんな仕事には慎《つつし》みのかけらもないし、地位の高い女性がすることだとは思っていなかったのだろう。

ヌルジャハンは母親にありのままを話した。そして最後には母親は認めてくれたのだ。というのも、母親自身、イスラムの教えを深く信じていると同時に、いつでも貧しい人々を助けようと活動していた人だったからだ。現在では彼女のお母さんは、私たちの力強い応援者である。

ある日、私はヌルジャハンにコミラの町まで、若い二人の女性行員を伴って行って、その町の文化フェスティバルでグラミンの紹介をしてきてほしいと頼んだ。私は男性を一緒に行かせるつもりはなかった。というのも、チッタゴンからコミラまでの旅というのはそれほど大変ではなく、危険も少なかったからだ。私は鈍感だったから頼んだわけではなく、ただ行員たちに、自分のことは自分でやりくりできるようになってほしかったのだ。自信以外には何も持っていない若者たちに、障害に出会ってもそれを乗り越えて行けるようになってほしかったのだ。同時に、女性が一人で旅行したり、出かけたりできないというならば、グラミンがその状況を打破する必要があると考えたのだ。

素振《そぶ》りこそ見せなかったけれど、ヌルジャハンは相当頭に来ていたようだった。どうやって旅をすればいいのか計画を立てて、旅に関する細かいこと一切を世話していた男性を監視係としてつけてやらなかったからだ。ヌルジャハンは男性の仕事仲間に電話をし、一緒に行ってくれるように頼んだという。運悪く、そのとき彼はとても忙しかった。彼女はそれまで一度も一人で旅行などしたことがなかった。彼女はアラーの神に力と勇気とを与えてくれるようにと祈った。

「神よ、私が二人の女性と一緒にこの旅をするのを助けてください。私は今まで一人でどこにも行ったことがないんです」

そして彼女は出かけて行った。彼女はコミラの町で素晴らしい紹介をしてくれたようで、誰もがそのことを絶賛していた。

今ではヌルジャハンは、どこにでも、彼女が行きたいと思うところならあらゆる場所へ出かけていく。彼女はグラミン銀行に三人いるジェネラル・マネジャーの一人になり、研修部のトップとして、未来ある何百人もの若い行員たちが自立するのを手助けしている。

貧困というのは慢性病だ。その場しのぎの処置では到底治すことなどできない。短期間の処置というのもあるかもしれないが、戦術的に素早い行動をしなければならないときでも、長期戦略を常に頭に置いておかなければならない。

一つの短期プログラムだけでは、全体的には効果がない。相手との関係を保ち続けることで信じようという雰囲気が生まれ、高いレベルでの結びつきの土台となっていくのだ。個々のプロジェクトというものは、そこに長い期間のかかわり合いが存在するときにだけ、効果が発揮できるのだ。

だからこそ、前線で戦うグラミンの行員たちにとっては、現状をこれ以上悪化させないよう死力をつくし、この国の問題を最終的に根絶しようとすることが非常に重要になるのだ。

13　グラミンに参加する方法

貧しい人たちの銀行といっても、私たちは最初、それをどのように運営したらいいか分からなかった。だから、まず私たちは学習するところからスタートした。一九七七年一月、事業を開始するにあたって私は他の人たちがどのようにローン事業を運営しているのかを調べ、彼らの失敗から学ぶことにした。

一般の銀行やクレジット会社は、かなり高率の利子付きの金額を返済することを要求してくる。ローンの期限が終わるまでに相当の金額を払わなければならないので、借り手は、そんなに多くの現金を手放すのは、いい気がしなくなってしまう。そして、できるだけ返済を遅らせようとして、その結果ローンの総額はますます多くなってしまう。ついには、もう支払いなどするのはやめようと決意してしまうのだ!

グラミンのローン制度を作るにあたって、私は全く反対のやり方でいこうと決めた。一回あたりの支払いの額を少額にしたのだ。それで借り手は金を支払うのが惜しいとは思わなくなったし、支払っているという意識すら持たずにすむ。「この金をすべて手放さなければならない」という心理的な壁を乗り越えるにはいい方法である。私は毎日支払うことも可能にした。管理がずっと楽になり、誰が支払いを済ませ、誰が滞っているかということも、すぐに分かるようになった。

同時に、この制度は、それまで一度も金など借りたことのない人たちにとって、いい自己訓練になるだろうと考えた。自分で上手に金のやり繰りができるようになれば、彼らに自信を与えることになるだろう。

計算が簡単になったので、私はローンを一年中いつでも返せるようにしてみたらどうかと考えた。たとえば三六五タカの借金でも、一年かかって返せば一日一タカの支払いでよくなるわけだ。

一日に一タカなどというとみんな笑うかもしれないが、そんなとき私はいつも、着実に増える利益が、いずれは大きな力になるという素晴らしい物語を思い出すようにしている。

それはこんな物語だ。死刑を宣告された囚人が、最後の願いを一つだけきいてやろうと、王の前に連れて来られた。囚人は王に、一つの賭けをしたいと申し出た。「私に一枚の金貨をください。そして次の日には、前日の倍の枚数の金貨をください。王様がそれを一ヵ月続けることができれば、私は喜んで処刑されましょう」

「よかろう」と王は言ったが、幾何学の数列の力など知らなかった。まもなく国中の金貨はすべて囚人のものとなり、その国は囚人のものになってしまったのだった。

私たちはゆっくりと、独自の〝貸付 - 回収メカニズム〟を作り上げた。当然、長い間には失敗もあったが、うまくやっていけるようにその都度変更を加えていった。

私たちは、事業を成功させるための鍵は、借りる人々にグループを組んでもらうことであるとわかった。

貧しい人々は一人だと、あらゆる種類の危険にさらされていると感じてしまう。だがグループの一員になることで、守られているという感覚を得られるのだ。個人として見ると、気まぐれで、態度がはっきりしない人もいる。しかし、グループの一員になれば、グループの支援が得られ、同時にグループからの圧力も受ける。行動パターンも読めてくるし、借り手をもっと信頼できるようになる。

さまざまな仲間からの圧力を感じながら、グループの一人ひとりは、クレジット・プログラムのより大きな目標に向かって、仲間と同調して歩んでいけるのだ。

グループ間あるいはグループ内での競争意識は、目標達成への意欲を生む。一人ひとりの借り手がその後どうなっていくのかを見守り続けるのは、銀行にとって難しいことだ。しかし、グループのメンバーであれば、それほど難しいことではなくなる。グループに各メンバーがちゃんと返済しているかどうか互いにチェックを任せることで、行員の仕事を減らし、グループへの自己依存を高めることになる。

グループの力学というのは重要だ。というのも、ローンが認められるためにはグループの全メンバーの賛成が必要であり、その過程で、グループはローンに対する道徳的責任を感じるようになるからだ。だから、グループの中で問題に直面したメンバーが現われたら、そのグループは一丸となって、その人の問題を前向きに解決しようとするようになる。

私たちはローンを申し込んできた人に、家族以外の人とグループを組むように言っていた。家族ではなく、同じ目的を持った者同士で組んだグループは、現実の経済・社会の状況とよく似てくるからだった。

ローンは個人に貸し与えられるものである。にもかかわらず、責任の配分をいろいろと抱き合わせにしたのは、結局はそうすることで借り手がみな自分のローンに対して個人的に責任を持てるようになるからなのだ。

そして借り手のグループというのは、こちらでメンバーを決めて組んでやるのではなく、自分で探してきたメンバーと組むようにすることも決めた。そこで話し合いが行なわれれば、グループの連帯責任もより強くなるだろう。

グループを組むのは結構難しいことだった。ローンを申し込もうとする借り手は、まずグループを組むために、仲間にしたい人のところに行き、銀行がどんなことをしてくれるのか説明しなければならない。そしてその人も加わりたいと、納得させることが必要だ。

これまでグラミンが活動していない村では、メンバーを集めるのはそれほど簡単ではなかったであろう。最初に借り手になろうとする人は、いろいろな友人たちに声をかけていかなければならないのが普通だ。友人たちはこわがったり、言い訳をしたり、夫たちに反対されたり、あるいは単純に誰かからお金を借りたりするのを嫌がっていたりして、「だめよ、そんな恐ろしいこと、できっこないわ」と言うのだ。しかし、結局はその友人もグラミンがどんなことをしているのかを他の主婦から聞くようになって、「分かったわ、ちょっと考えさせて。明日また来て」と答えるのだ。

そうやって二人目のメンバーができると、それぞれが三人目、四人目、五人目の仲間を探していく。そうやってようやく準備ができたと思っても、まだまだすんなりとはいかない。今度は五人目のメンバーが、仲間のところにやってきてこう言うのだ。「だめになっちゃった。夫の気が変わって、許さないっていうのよ」。せっかく五人目まで集まったグループが、四人目、三人目と逆戻りして減り、ついにはまたもとの一人きりになってしまうこともある。そうなると、最初の一人はまた一からやり直しになってしまうのだ。

そうやって借り手の責任者となる人は何度も訓練されて、私たちがしようとしていることについて完全に理解していくのだった。

グラミンに参加する前の晩に、ナーバスになった借り手が、アラーの神にやっぱりそこから助け出してくれと祈ったりすることもしばしばあった。中には圧力に耐えられなくなった人もいた。加入テストを受ける前の晩だというのに、借り手の責任者が自らメンバーに言うこともあった。「だめだわ、私にはとてもできない。もうやめたい」

こうなると残された四人は、グラミンに五人目の仲間が見つかるときまで、加入テストの日を遅らせてほしいと言うしかない。

こうしたさまざまな困難を乗り越えてついには日にちが決められ、グループの五人それぞれが一人ずつ、グラミンについて学んできたことについてテストされる。もし間違うと、その人だけでなく、グループの他の人も落とされるということを彼女たちはよく知っていた。彼女たちが答えなければならない質問というのはこんなものだ。

「〈グループ・ファンド〉というのはなんですか？」

彼女たちのほとんどが読み書きができないのだから、答案を書いたりする必要はなかった。しかし、自分が理解していることは、そこではっきり言わなければならなかった。

借り手の責任者が正確に答えるのに失敗した場合、行員はグループ全体にもっと勉強をするようにと言うだろう。グループの他のメンバーは彼女に言うに違いない。「ああ、神様、あんたが正しく答えてくれていれば！　あんたのせいで、あたしらもみんな失敗しちゃったのよ」

こういったプロセスを設けることで、本当に必死で頑張れる人だけをグラミンのメンバーとして選別することができるのだと、私たちは確信している。

私たちが、とても従順な農村の女性たちを、仲間に加わるようにと脅しているなどと批判する人もいる。だからこそ、私たちはグラミンに入るのを難しくしている。私たちは生まれつき貧しい人たちこそグラミンのメンバーになってほしいと思っているし、彼女たちには、多くの困難や嫌がらせに打ち勝ってほしいと思っている。育ちのいい女性は私たちの仲間にならなくともかまわないのだ。

私たちが貧しい人々すべてを対象とせず、個人の質によって選別しているのは不公平だと批判する人もいる。しかし、その批判には同意しかねる。先頭に立つ人間にはより強い勇気と、より強い意欲が必要なのだ。いったん、貧しい人がマイクロクレジットに参加して成功できるということを示したなら、近所の人も参加しやすくなる。そうやって後から入ってくる人たちは、えてして前人未到の地に踏み出すことを嫌がるものだからだ。

私たちは女性たちが自らグループを組織し、自らの手でローン計画をたてることこそ大切だと考えている。私たちは自覚を強めたり、リーダーシップを育てるというようなことが、クレジットを交付するよりも先に行なわれるべきだと思っている。

グループのメンバーが揃ってから、グラミンによって正式に一つのグループだと認められるまでには、たいてい数週間から数カ月かかる。メンバーたちはまず、訓練に参加して私たちの規則を学ばねばならない。メンバーたちが私たちの活動がどのように動いているかということについての知識を十分に身につけ、グループが正式に認められれば、およそ月に一回のペースで、週ごとの集会に参加しなければならない。

そして最後に、グループの一人が勇気を振り絞ってローンの申し込みをする日が来る。最初のローンは一二ドルから一五ドル程度である。彼女にはそれ以上の額など想像もできない。この額が考えられる精一杯の額なのである。さまざまな準備が整えられるなか、いよいよ彼女は、ローンを受け取る前夜を迎える。彼女がそのことでとても喜んでいるだろうかって？　とんでもない。彼女は喜ぶどころではなく、ほとんど恐れおののいているような状態だ。一晩中全然眠れない。彼女は、本当にローンを受けるべきなのか、それとも「だめです、できません。怖すぎます」と言って断わろうかと、悶々と悩んでいるのだ。

いったい何を恐れているのか？

失敗したときのことを恐れ、非難されるのではと恐れ、無知なことを恐れている。全く単純に、新しいことは何でも恐れるのだ。

翌朝、彼女はほぼ心を決めていた。このプレッシャーには耐えられない。一五ドルものローンを抱え込むのは、自分には重すぎる責任だ。借金を返すことができるのかどうかも疑わしい。親戚中見渡したって、そんなことを始めた女性は一人もいないのだ、と。

そうこうするうちに友人がやってきて、彼女の背中を押すであろう。「ごらんよ、あたしたちみんな、やらなきゃいけないんだよ。みんなであんたを助けてあげるからさ。そのために、みんなここにいるんじゃないの。あたしたちがついてるんだから、怖がらなくてもいいのよ」

そしてようやく、彼女はその一五ドルのローンを手にする。ぶるぶる震える彼女の手の上で、金はキラキラ輝いている。涙が頬を伝って流れ落ちてくる。これまでの人生でそんな大金を見たことなどなかったからだ。そんな大金を実際に手にすることがあるなど、一度も想像すらしたことがないのだ。盗まれないように安全な場所にしまっておきなさいと誰かに言われるまで、彼女はまるでか弱い小鳥やうさぎを運ぶときのように、その金を大切に持ち運んでいるのだ(万が一盗みが起きても、仲間の借り手たちが見つけ出してくれるだろう)。

彼女はそんな大切なものが自分の手の中に本当にあるなんて、とても信じられないでいる。初めてグラミンで借りた人は、こういう行動をとるのが普通である。

人生なんてそんなにいいものではなかったと、彼女はずっと言っていた。彼女は女に生まれただけで家族に不幸を招いてしまったという。彼女の家族は今も持参金のための支払いを続けなければならないのだが、そんな余裕もない。何度も何度も彼女は母や父から聞かされてきた。「お前が生まれてきたときに、殺しておけばよかったよ。間引いてもよかったし、食べ物をやらずに飢え死にさせてもよかった」と。実際に、彼女は自分のことや行ないをほめてもらったりしたことなどただの一度もなかった。彼女の家族にとっては、彼女は単なる穀潰しにすぎず、そのうえ持参金まで払わなければならない、やっかいな存在だった。

でも今日、彼女の人生ではじめての出来事が起こった。グラミンという組織が、彼女を信じて金を貸してくれたのだ。彼女は本当に驚いた。そして心に誓った。そこまで自分を信用してくれているこの組織を裏切るようなことは決してしない、と。彼女は苦労しながらも確実に少しずつお金を稼いでいく。そして彼女は返済をなし遂げるのだ。

私たちはまず、グループの中のメンバー二人ずつに融資する。最初の二人が六週間以内にきちんと金を返すことができたら、今度は次の二人が借り手になることができる。グループの代表が借りられるのは五人の中の最後だ。

借り手が最初の返済をきちんとすることができたときの興奮といったらすさまじいものである。自分で金を稼いで返済できるということを、自分自身に対して証明できたからである。そして二回目の支払い、三回目の支払いと続いていく。返済は、彼女にとってはまるで興奮するドラマそのものなのである。自分自身の才能の価値を見いだすことに対する興奮であり、その興奮が彼女をとらえて離さないのである。それは外目にもはっきり分かり、彼女に会ったり話したりした人にも伝わりやすい。彼女は人から言われていたよりも自分にはずっと価値があることに気づく。彼女は自分でも気づかなかったものを、内に秘めていたのだ。

グラミンのローンは単に現金を渡すだけではない。自己発見や自己開発の旅へのチケットのようなものでもあるのだ。借り手は自分自身の可能性を探し始め、内側に秘められていた創造性を見出すのであった。

グラミンの二〇〇万人の借り手には、二〇〇万通りものスリリングな自己発見の物語があるのだ。

私たちはまた、非常事態の時に借り手を保護するための頼みの綱として、基金を別に設けることにした。

私たちはローンの五%を自動的に〈グループ・ファンド〉と名づけた基金として積み立てていくことにした。メンバーたちも同時にこの〈グループ・ファンド〉に毎週二タカずつ積み立てなければならないことにした。

こうしておけば、もし一人のメンバーが滞納しても、他のメンバーがその借金を肩代わりしなくてもよくなる。実際、あるメンバーが支払いが困難な状態に陥ったとき、グループの他のメンバーたちが銀行への支払い保証を請け負って、解決のために努力したことがあった。

さらに私たちは最高八つまでのグループから成る〈センター〉という組織を作り、リーダーシップに関する技術を磨いたり、技術研修を行なったりしている。〈センター〉の集会は村の中で定期的に時間を決めて、グラミンの行員と一緒に行なわれている。普通は仕事に差し支えないように早朝に行なわれている。毎週行なわれる集会で、メンバーたちは支払いをし、稼いだお金を預金し、新たなローンの申し込みを認めるかどうか話し合い、ほかに何か興味のある話題について話し合うのだ。

メンバーが支払い不能に陥ってグループが困難に陥った場合、〈センター〉はその問題を解決するための手助けもしてくれる。

仕事に関するすべてのこと、とりわけローン承認についての相談は、〈センター〉に所属するメンバー全員をまじえて行なわれている。そうすることで落伍する危険を減らし、メンバーたちが責任を負う機会を増やすことになるのだ。〈センター〉では代表者と副代表者を選挙で選ぶ。任期は一年間で再任されることはない。

グループが自己依存することによって、銀行の仕事は減り、強制的な貯蓄プログラムをする必要もなくなっていく。それが大切なのだ。

〈グループ・ファンド〉があるおかげで、彼女たちは自分たちでお金のやり繰りをするという経験をすることができるのだ。

14 返済方法

私たちはグラミンの運営方法を、できる限り簡単なものにしようとしてきた。今日までに私たちは、あらゆる借り手がすぐに理解することができる、とても簡単な返済システムを作り上げた。

●ローンの期限は一年間
●毎週一定額を返済
●返済はローンを借りた一週間後から開始
●利率は二〇％
●返済額は一週間に二％で五〇週間
●利子の支払額は一〇〇〇タカのローンに対して一週間に二タカまで

私たちはまず、グラミンをきちんと機能させるには、顧客を信用しなければならないと決めていた。だから最初から、このシステムに警察が介入する余地を作らないつもりだった。

私たちはローンの返済を求めて裁判所に訴えたこともない。自分たちのビジネスをどのようにすすめればいいか知っているからだ。そうでなければ、私たちはとっくに銀行業などやめて、他のベンチャー事業に転じていただろう。私たちには法律家は必要ない。外部の人が入りこむ余地はないのだ。

自分たちでしているビジネスなのだから、できる限りの手を尽くして、きちんとローンを回収するのは当たり前だ。それが私たちの仕事なのだ。

貸し手と借り手との間には、法的な契約書は交わされない。私たちは貧しい人々の仲間なのであり、紙切れには意味などないのである。私たちは信用を礎《いしずえ》にして、その上に人々との結びつきを築き上げている。グラミンが成功するか失敗するかは、私たちと借り手との人間関係がどれくらい強いかにかかっているのだ。私たちは人々を信用し、その結果、その信用が私たちにきちんとした形で返されてくる。

〝クレジット〟という言葉の意味はまさに〝信用〟である。一方、同じように長い年月をかけて組織化された一般の銀行の方は、相互不信を基礎にして成り立っているのである。

現在、一般の銀行は、借り手がみな金を持ち逃げしてしまうのではと疑ってかかっている。だから借り手をさまざまな法的書類によってつなぎとめておこうとするのだ。あらゆる法律家たちが、銀行の追手《おって》からは決して逃れられないということを借り手にはっきり分からせるために、法的書類を山のように作っている。時には借り手が銀行に一杯食わせることもあるが、そんなことはほとんど不可能なのだ。

もし、私たちの銀行の行員が襲われたら（そんなことはめったにない事件なのだが）、その村に住む借り手たちが誰がそんなことをしたのか割り出し、その人物を捕まえてくれることだろう。彼女たちの力は、一致団結すれば、本当に巨大なものとなるのだ。

グラミンの貸し倒れの率は一％にも満たない。それでも、グラミンでは返済不能になった借り手を悪い人物だと決めつけることはしない。むしろ、個人的な環境がとても大変だったから、そんなわずかなローンすら返すことができなかったのだろうと考えるのだ。だから、支払い不能となった人たちに、青や黄色やピンクの書類を送りつける法律家に頼って銀行を運営する必要などないのである。貸し倒れ金の〇・五％は、私たちがビジネスをするうえでの必要経費であり、そこから私たちは、自分たちがさらに向上する必要があり、成功するためにはもっとうまくやらなければならないということを、残っている人たちに示すのである。

私は支払いシステムをなるべく簡単なものにするために、さまざまな方策を試してきた。私は〈パン〉（チューインガムのように噛むキンマの葉）を売っている男に会いに、ジョブラ村の真ん中辺りにある彼の小さな店に出かけていったことがある。少し歯がむき出した、髭面の小柄な男で、彼の店は昼も夜も開いていた。彼は村人全員を知っていたし、村人の方でも、誰もが彼のことを知っていた。彼は私が頼もうとしたことに、とてもやる気になっていた。彼は集金の仕事を請け負ってくれた。しかもただでやってくれるという。

私たちは借り手にこう伝えた。

「毎日道をわたるときに、あるいは仕事に行くときに、その日の分の支払いを〈パン〉の店の主人に渡すだけでいい。毎日彼に会うんだから、簡単なはずだ」

この試みはすぐさま失敗に終わった。借り手たちは毎日の支払いをきちんとしていると言っているにもかかわらず、〈パン〉の店の主人は、彼女たちが支払わないと言い始めたのである。

「覚えてないのかい」一人の借り手が言った。「あたしは真っ昼間に来て、あんたからパンを買ったじゃないか。そのとき五タカ渡して、あんたがお釣りをよこしたときに、それはあたしのローンの返済金だから、ちゃんと取っといてねって念をおしたじゃないか。覚えてないっていうのかい？」

「覚えてないね。五タカなんてもらった覚えはないよ」

「払ったじゃないか。あたしはちゃんと覚えてるんだよ」

「もらってないよ。あんたは俺に札を出して、お釣りを全部返しただけさ」

言い争いは延々続いた。まったくばかげた事態だった。もっと簡単な支払い方法でなければだめだ。そこで私はノートを買い、左側に借り手の名前を書き、真ん中を三つの欄に分けて、分割払いの返済額と日付を書き込むようにした。

借り手の名前　　返済額　　日付：○月○日

簡単なシステムに変更した結果、パンの店の主人は、ただ借り手が返済をしに来た時に、いつでも当てはまる欄にチェックをすればいいだけになった。

しかし数日後、このシステムもだめになった。借り手が、パンの店の主人が記入し忘れていると文句を言ってきたのだ。もしかすると、誰か他の人のところに記入してしまったのかもしれない。

もっとずっと簡単な仕組みを作らなければならないことは明らかだった。計算システムをどうにかしなければだめだ。しかし、どうすればいいというのだろう？　私には考えつかなかった。どんな問題にも必ず解決方法があると私は信じていたが、私たちがしなければいけないのは、もっとも実現可能性の高い道を選ぶということなのだ。

そこで、この毎日返済するというシステムをやめた。そして次によさそうな方法だと思われた、週ごとに支払うというシステムに変更した。

そして現在、すでにあれから二〇年以上が経っているけれど、私たちのローンは未だに同じ方法で返済されている。週ごとに返済する方法だ。

グラミンの利率はずっと高いままである。ほとんどの人が不可能だと言っていたのにもかかわらず、それでも、返済をきちんと受けているのだから、私たちは成功しているのだろう。

バングラデシュでは、銀行から金を借りた豊かな人が返済しないことがよくある。私はいつでも、銀行の名の下に行なわれているそうした茶番劇を笑ってきた。金を返さない人に対して、政府系銀行や個人銀行などの銀行システムを通して、公的資金が投げ与えられているのだ。

では、私たちはどうやって銀行を経営したらいいのであろうか？　私たちの秘策は？　金はやっかいな物質である。今持っている人にしがみつく性質がある。だからお金を手放させるための強い〝引く力〟が求められるのだ。

借り手が現金をポケットに入れて持つようになっているのに、返済を開始するのが、ローンを受け取ってから六カ月や一年も経ってからだとしたら、借り手は返済を躊躇してしまうのかもしれないと考えられる。あまりにたくさんの現金を手にしていると、いざそれを手放すのが惜しくなってしまうことがよくあるのだ。

借り手にしてみれば、返さなくていい理由はいくらでも見つけることができる。心理的な壁もできる。「金が手に入った。これが借金だっていうのも分かっている。でも、何か返さなくていい出来事が起これぱいいのに」という思いだ。そして人生には、えてしてそんな都合のいい機会が生じるものなのだ。

バングラデシュの市民は新しい政権が誕生するのを期待している。そうなれば、今までの借金を帳消しにしてもらえるからだ。実際、選挙運動の時期になると、政治家たちはそういう公約をするのだ。「私が当選したあかつきには、みなさんの借金を帳消しにしましょう」一つの党がこういう公約をすれば、他の党も同じことを言う。

だから借り手たちは、新しい政府ができれば、この借金を支払わなくてもよくなるかもしれないと考える。借り手たちは返済をしなくてもよくなるようにと、次の総選挙を待ち望んでいるのだ。

これとは、どうやって闘えばいいのだろうか？

借り手の心理というのは、きわめて重要なものなのだ。

私たちは心理的な障害が起こらないように、一回あたりの返済額をできるだけ少なくすることにした。私は借り手たちに日割り払いで支払うようにと勧めていた。すぐに返済しなければならないのだから、彼女たちは借りた金をすぐに何かに投資する必要に迫られる。たとえば、乳を搾るための乳牛や、タクシーのように使われるリキシャや、服に仕立てて売ることができる布や、細工をほどこして売る腕輪などを買う必要があるのだ。

こうした物資を労働と結びつけて、彼女たちは生産物を作り出す。それはすぐに売れてすぐ利益になり、暮らしていくのには十分な利益をもたらし、もとのローンをそれで返すことができるのだ。

最初、一〇人か一五人ほどを相手に融資していた時には、日割りの返済額を集めるのは簡単なことだった。しかし借り手の数が増えてくると、次第に混乱してきた。

そこで私たちは週ごとの返済に変更したのだった。

心理的な面を考えても、自信を与えることほど重要なものはなかった。もし三ヵ月にわたって一度も支払い不能にならず週ごとの返済を続けることができたなら、借り手は、残りの返済にも自信を持てることだろう。すでに四分の一の返済を済ませているのだから、あと四分の三頑張ればいいだけなのだから。折り返しにくれば、自分に対してよくやったと思うことだろう——あと半分返せばいいだけなのだ！　そのことに勇気づけられるのである。その一年間の経験から、返済する楽しみも増してくるのだ。借り手たちは少しずつ返すことにはなんとも思っていない。そのことで傷つくことがないからだ。逆に、それが彼女たちの励ましになる。

こうした工夫が、自信を育てる方法なのだ。そしてまた、それは現実的なやり方なのである。彼女たちにはポケットから高額の札束を取り出して、貸し手に支払うなどということはできないのだから。

借り手の家族は、その金を使って、ほしい物を買ってしまおうという大きな誘惑にかられるに違いない。しかし毎日数タカずつ返さなければならないとなると、そうした誘惑に屈することもなくなる。

借り手はこうやって利益を得ていくやり方のほうが、たくさんの額を一度に返すために金をかき集めることよりはずっと楽だと気づくのである。彼女たちの生活は逼迫《ひっぱく》していて、いつでも行き詰まっているからだ。

もし、返済できないようなことがあっても、私たちはグラミンの組織を通じて監視しているので、それをほとんどすぐに知ることができる。借り手が失踪したり、手のほどこしようもないほど悪い経済状態に陥ってしまうまで、長い時間放置しておくことはない。

このように、グラミンの返済システムは借り手の心を勇気づけ、力づけ、手助けするためにデザインされただけではなく、現実に返せる可能性をより高めるようにとデザインされているのである。

最初のうち、私たちは数多くの失敗をおかした。それでも結局うまくやっていくことができたのは、忍耐力と、自分が革命的なことに挑んでいるという意識、焦らず着実な歩みで動くこと、そして自らの過ちを正そうという意欲と能力があったためだった。

最初の頃、私たちは金貸しの暮らしに影響を与えないようにしていた。彼らは彼らなりに自分の住む場所で、それが収入を得るにはもっともいい方法だと考えて、その仕事を選んでいるのだろうし、彼らに分からなくても、彼らの友人やグループの仲間たちは、私たちよりも彼らを助けることができるからだ。

ごく初期の頃から、私たちは各支店の〈センター〉のリーダーのために、一年に一度、ワークショップを行なってきた。ワークショップでは〈センター〉のリーダーたちが一週間を一緒にすごし、それぞれが抱える問題や進歩した点を振り返ったり、互いに学んだり、関わるべき範囲をはっきりさせたり、社会や経済の問題を解決する方法を探すというような目的で行なわれている。

この企画は当たった。リーダーたちは互いに学びあい、私たちは彼女たちの暮らしや困っていることなどについて多くを学ぶことができた。

二年目には、さらに選ばれた〈センター〉のリーダーたちを集めて、〝全国〟規模のワークショップを開催した。グループ間の相互作用を広げるためだ。

第一回の全国ワークショップは一九八〇年にタンガイルで行なわれた。そのワークショップの最後には、いくつかの合意事項を文書にして配布する計画だった。私たちは四つの決意について合意し、それをコピーして参加者たちに配って持ち帰ってもらった。

私たちはその紙を配ることよりも会議を進める事の方に熱心だったのだが、すぐにもっとコピーがほしいというリクエストが集まり始めた。

二度目の〈全国ワークショップ〉は一九八二年に行なった。この時のワークショップでは、〈一〇カ条の決意〉を決定して幕を下ろした。その〈一〇カ条の決意〉は、どこのグラミンの〈センター〉においても、きわめてよく知れわたるようになった。

一〇カ条はその後、ジョイデプールで一九八四年に行なわれた〝グラミン・センター代表一〇〇人のワークショップ〟で〈一六カ条の決意〉に増えた。

この〈一六カ条の決意〉は、メンバーたちの心にとても深く浸透している。今日、バングラデシュのどこのグラミンの支部でも、メンバーたちは大いなる誇りを抱いてこれらの〈一六カ条の決意〉を暗誦する。彼女たちはそこを訪れる人たちに日常生活の中でその決意をどれだけ実行しているかということを語るし、思うように実行できていなければ、罪の意識すら感じるのである。

現在、私たちは全国ワークショップを行なうたびに、参加者たちにもうこれ以上〈決意〉の数を増やしてくれるなと懇願しているような状態だ。新しい条項を加え続ける代わりに、今ある一六ヵ条をもっとしっかり実行してほしいと言っているのだ。〈一六ヵ条の決意〉は、グラミンの仲間たちに生きる意味と目的とを与える手助けをするものである。その〈決意〉があるおかげで、グラミンは借り手の実際の生活により近づくことができた。それがなければ、きっとできなかったことだろう。〈一六ヵ条の決意〉とは次のようなものだ。

1　私たちは、グラミン銀行の四つの原則である、規律、団結、勇気、勤勉に従い、どんな人生を歩むことになっても、それを実現することを誓います。
2　私たちは家族に繁栄をもたらします。
3　私たちは壊れた家には住みません。私たちは家を直し、できるだけ早く新しい家を建てられるように働きます。
4　私たちは一年中野菜を育てます。私たちはその野菜をたくさん食べ、残りがあれば売りに出します。
5　種まきの時期には、私たちはできるだけ多くの種を蒔きます。
6　私たちは家族の人数をなるべく増やさないように家族計画を行ないます。出費を少なくします。健康に留意します。

7 私たちは子どもに教育を受けさせます。教育を受けさせられるような収入を得られるようにします。

8 私たちはいつでも子どもたちや、周囲の環境を清潔にしておきます。

9 私たちは簡易トイレをこしらえ、それを使います。

10 私たちは円井戸から汲《く》んだ水を飲みます。もしそれができないときには、煮沸《しゃふつ》するか、ミョウバンを使います。

11 私たちは息子が結婚するときには持参金を要求せず、娘が結婚するときには持参金を渡しません。私たちは〈センター〉を持参金に巻き込まないようにします。私たちは幼い子ども同士の結婚をすすめません。

12 私たちは誰かに不正義を押しつけず、誰かが私たちに不正義を押しつけることも許しません。

13 私たちはより高い収入を得るために、みんなで集まってより大きな投資を始めます。

14 私たちはいつでもお互いに助け合います。もし誰かが困難に陥ったら、その人を助けます。

15 どこかのセンターで規則違反があったときには、私たちはそこへ出かけていって、規則を回復するのを助けます。

16　私たちはあらゆるセンターで、体操を始めるようにします。私たちはあらゆる社会活動にみんなで参加します。

グラミンの地方支部では、その支部ごとに、その地方独特の問題に対する独自の〈決意〉を決めている。

初期の頃には、グラミンは家族のようであった。あれから二〇年が経ち、一九九七年六月には一万二〇〇〇人を超える行員を抱えるようになって、そういった家族的な感じは失われてきている。現在、わが国には一〇八六もの支店がある。行員たちは毎週村のセンターを訪れ、二二〇万人もの人々と顔を合わせていることになる。

毎月、私たちは四〇〇〇万ドルもの資金を小額のローンとして貸し付けている。同時にそれとほぼ同じ額が、返済金として戻ってくるのだ。

初期の頃からの仲間の中には、昔を懐かしんでいる者もいる。しかし、私はそういった変化を、成功によってもたらされる避けられない部分だと考えている。

仲間の数が増えたとはいえ、バングラデシュのみならず世界中で求められている大きな仕事に比べれば、私たちはまだまだ〝小さな〟存在だ。

このクレジット・プログラムの成功は、借り手との関係をどのように作り上げ、彼らの中にある人間としての力強い資質をいかに引き出すかということにかかっている。

だから、たとえ私たちの組織がどんなに大きくなったとしても、借り手と銀行との間の密接な関係を失うべきではないと思っている。

女性が金を借りるなどということは、バングラデシュでの歴史上、初めて行なわれたことである。それゆえ、実際にたくさんの人から社会的革命だと言われたものだ。私たちの借り手となる貧しい女性たちは、男性とは違って、多くの予期せぬ社会的な問題に直面しなければならなかった。そうした事態を避けるため、私たちはさまざまな方法で、全力を尽くして取り組んでいる。

はじめに私たちは過ちを犯した。というのは、十分な予防措置を取っていなかったために、私たちのローンプログラムをきっかけとして、夫と妻との間に大きな緊張が生まれてしまったのだ。しかし次第に、私たちは学んだ。私たちは借り手に〝金をめぐって結婚生活を危機にさらすことも、結婚生活を続けるために金を夫に渡してしまうこともしない〟という覚悟をさせたのだ。これは借り手たちにとってはきわめて難しい力のバランスが要求される行動だった。借り手たちは実際に金を手にする前に、多くの準備と手助けを求めてきた。

私たちはこの問題の解決方法をグラミン銀行の外で探すのではなく、銀行の中で、組織的に解決する方法を探し求めた。ここでもまた、借り手たちのグループが、大きな役割を果たすことになった。彼女たちは集団で解決する方法を考え出し、勇気を出して個人個人の戦術を進めるようにしたのだ。さらに、私たちは夫たちとの集団での話し合いの場を設けて、彼らに直接呼びかけてもいる。個人的には彼らは妻に対して暴君のように振る舞っているかもしれないが、銀行から招かれて話し合った時には、はるかに思慮深く、分別のある人たちだった。彼らには私たちがしていることをすべて説明した。そうすることによって銀行の規則ややり方に対する彼らの誤解を徐々に解くことができた。妻と同じように平等かつ重要に扱われたことで、彼らは軽んじられていると感じることはなくなった。

グラミンはそのとき以来長い道のりを歩いてきた。今ではグラミンは夫たちにも金を貸している。しかし、それは彼らの妻を通してだけである。中心となる借り手は、やはり妻たちである。

夫と妻の関係が最もドラマチックに試されるのが、住宅ローンを借りることになったときである。住宅ローンの資格を得るためには、借り手は最低でも三年、ローンをきちんと返していなければならない。さらには、夫たちは家を建てる敷地の所有権を妻に渡すという条件にサインをしなければならない。率直にいって、夫に対して求めるものが多すぎるくらいだ。しかし、グラミンではそれを求めていく。それが前提条件なのだ。グラミンは四〇万件以上の住宅ローンを行なっている。そのいずれの場合も、夫は妻が家の敷地の所有権を持つという文書にサインしているのだ。

よりよい夫と妻の関係を推し進めるためには、こうした組織的な制度に加え、グラミンのグループ・システムも力を発揮している。時にはグループが、結婚相談所のような役割を果たすことさえある。

私はそのことに、一九八三年以前、まだタンガイルでグラミンのシステムを立ち上げるのに苦労していた時点で、気づいていた。私はセンターでの会議に参加した後、支店に帰るために村の道を一人で歩いていた。しばらくして私は同じ道を歩いている一人の青年（三〇歳くらいだろうか）に会った。彼は私に挨拶をし、私も彼に挨拶した。私たちは並んで歩いた。

「グラミン銀行の方ですよね」

「ええ」私は言った。「なぜ知っているのですか?」

「あなたが村のセンターの会議に行くのを見かけたからです。私の妻もグループに入っているんです」

この言葉がきっかけで、私と彼はいろいろ話すことになった。私は彼に興味を持った。彼の名前はジョイナルといい、農業労働者だということだった。妻のファリダは八カ月前からグラミン銀行に参加していて、二人の間には五歳になる小さな娘がいた。

「ファリダは週ごとの返済がちゃんとできるようにと、一生懸命働いています。彼女はまだ一度も返済に遅れたことがないんです」

「彼女はグラミンに入る前に、あなたの承諾を取ったんですか?」

「ええ。でも最初の頃は、彼女が正しいことをしているのかどうか、分からなかったです。村の他の女たちもグラミンに入っているんですよね。ずっと彼女は私に許しを求め続けてきたんですよ。最後にはとうとう許しました」

「彼女が入ってよかったと思う？　それとも入らなかった方がよかったんじゃないかと思うことがある？」

「いや、ないですね。彼女が入ってくれて本当によかったです。彼女はそれまではよく、食事も満足にできないと文句を言っていたんです。でも今はもうそんな文句は言いませんね。三人が十分に食べていけるようになりましたから」

　私にとって、彼の言葉は最終試験でいい成績を取ったようなものだった。私はうまくいっていることがとてもうれしかった。ジョイナルと私は黙って歩き続けた。

　しばらく黙っていた後、ジョイナルは否定的な口調で語り出した。

「でも、一つだけ問題があるんですよ。私はこれまで妻を殴って楽しんでいたんです。でも、この前妻を殴ったら、困ったことになっちゃって。ファリダの借り手グループの仲間の女性たちが私のところにきて、私に意見して怒鳴るんです。そういうのは嫌いなんですよ。誰が私を怒鳴りつける権利なんか与えちゃったんでしょうね。私は妻をどうにでもしたいようにできるはずです。以前は妻を殴っていても、誰も何も言わなかったし、迷惑な奴も押しかけてこなかったのに。そういうことは今では認められなくなっちゃったんです。彼女の借り手グループの連中は、もしまた私が妻を殴ったら、何か正当な手段を取るって脅してくるんですよ」

私はジョイナルを慰めようとした。

「うーん、いずれにせよ、もう奥さんを殴ったりしないほうがいいんじゃないかな。彼女はずっと一生懸命働いているでしょう。彼女にはきみの支えが必要なんだ。きみには、きみの緊張を解いてくれる、何か別のものが見つかるよ」

15　グラミンと一般の銀行との違い

人から「どうやってその革命的なアイディアを思いついたんですか？　あなたは銀行家として経験を積んできたわけではないのに、なぜグラミンを設立することができたんですか？」と尋ねられることがある。そんなとき、私はこう答えている。

「一般の銀行のやり方をよく見て、あらゆることを逆にしてみたんですよ」

彼らは笑うだろうが、実際、それは本当なのである。一般の銀行がどのように運営され、グラミンがどのように運営されているか、その双方について少し距離を置いて考えたり、比較してみようとすると面白いだろう。

一般の銀行では、顧客は銀行のオフィスまで出向かなければならない。だが、貧しい人や文字の読めない人々にとっては、そんなオフィスなど恐ろしくて行けたものではない。私たちはその壁を取り払おうと考えた。私たちは顧客の元を自分から訪ねることにした。

グラミン銀行では、人々は銀行に来る必要はなく、銀行側が人々の元を訪ねていくという原則に則《のっと》って運営されているのだ。

これは単に宣伝のためではなく、マーケティング戦略の一環として決定されたことである。特にバングラデシュのように保守的な国で、女性の顧客を呼び集めたいときには有効だった。

もし、バングラデシュにあるどのグラミンの支部を訪れても、カウンターに列をなして並んでいる顧客の姿を見かけることはないだろう。そこで何人かのスタッフが働いているのを見かけるかもしれないが、それに関しても、はじめはこんなお知らせをオフィスの中に貼り出していたくらいなのだ。〈もしオフィスの中でスタッフの姿を見かけたら、グラミン銀行の規則に違反したことになる〉。

このことを新人行員たちに話すと、騒ぎになった。「じゃあ、私たちにどこにいろっていうんです?」そこで私は答えた。「姿を消すんだよ。オフィスには来ないように。木の下で居眠りをしていても、紅茶スタンドで噂話をしていてもいいから、オフィスには来ないように」

するとある者が不平を言った。「スタッフならお金の計算をしたり、ちゃんと記録をしたりするために、オフィスに来る必要があると思うんですが」

答えは簡単だった。「オフィスにいなければならない時間をはっきりと申告しなさい。

その時間帯の中ならオフィスにいることを認めましょう。でも、その時間をすぎているのにオフィスにいたら、罰を与えます。オフィスで座って無駄な時間をすごすべきではないんです。そんな時間があったら、人々と一緒にすごすべきです」

私たちのやり方は、一般の銀行とはほとんどあらゆる点で異なっている。たとえば昔から、一般の銀行には貸借対照表があって、それを元に負債と自己資本の比率、利益、資産価値、返済計画などが決められていくことになっている。

こういったことは私たちの銀行では起こらないだけでなく、逆に、起こることはタブーとされているのである。私たちの顧客はどれくらい貯蓄し、どれくらいの財産を持っているかなどということを示す必要はない。ただ、どれくらい貧しく、どれだけ蓄えを持っていないかということを示せばいいだけなのである。

一般の銀行では、行員は株主に対してだけ、政府および業界が決定した限度内で、銀行の利益を最大にする責任を負っている。

私たちも同じように株主に対する責任はある。政府の出資による八％の資本金を除くと、私たちの株主は借り手ということになる。そういう点では、私たちはフランスの〈バンク・マチュール〉や、イギリスの〈建築資金金融組合〉に似ているといえるだろう。

成功している一般の銀行は、高い利益をあげ、株主に高い配当を分配している。

これに対して私たちは、高い配当金を分配するかわりに、株主である借り手たちの家を建てたり、生活水準を向上させる活動を行なっているのである。いつか現金の配当を株主である借り手たちに分配することは、私たちの願いでもある。しかし、私たちが現在行なっている種類の配当は、借り手の毎日の生活を変える、とても重要なものである。私たちはローンの金利を下げることでも、同じように、彼女たちに直接的な利益を与えることができる。

グラミンでは、人々の求めに応じ、彼女たちを幸福にすることこそ最優先かつ最重要とされている。あらゆることが借り手や、借り手に頼っている人たちの生活を変えるというゴールに向かって考えられている。

私たちの成功は、不良貸付額や返済率で測られるものではなく――そういった記録は銀行内部の記録として取っておかなければならないのではあろうが――惨めで困難を抱えた借り手たちの生活がどれくらい改善され、楽になったかということで測るべきものである。

グラミンでは、学校で教えられたことはごく小さな部分を占めるにすぎない。行員たちにとってもっともいい訓練は、人々と一緒に働くことから生まれるからである。

グラミンが株主に対して発表している年間報告には、一般の銀行とは違って、顧客が融資を受けて行なったリストとして、それまで聞いたこともないような小さな経済活動ばかりが並んでいる。しかし、そこには借り手の自営業がもうかっていることが現われている。

グラミンは、借り手が経済活動をはじめるべきだというプレッシャーをかけたりはしない。ローンの理由はかなりさまざまなものだからだ。年間報告によれば五〇〇以上の異なった種類の経済活動がある。タイヤの修理をはじめ、化粧品、おもちゃ、香水、蚊帳、ヘア・レース、靴、漬け物、パン、キルト、船、時計、傘、冷たい飲み物、スパイス、マスタード・オイル、爆竹の製造などだ。

一般の銀行でローンを借りる時には、まず担保物件を持っているかどうか尋ねられるはずだ。銀行は借り手自身のことなどすぐに忘れてしまう。銀行が借り手に対して関心を持つのは、借り手が返済できなくなったときだけだ。

一方、グラミンでは、週ごと、月ごとに行員が借り手の家に行って、チェックをし続けている。借り手の経済状態がいいかどうか、借り手がローンの返済をできるかどうか、そして家族全体の利益につながっているかどうかを調べるためだ。

一般の銀行では、クレジットは不信の念を基本にして成り立っている。しかし、グラミンの〝クレジット〟は、まさに〝信用〟という意味である。私たちは借り手と貸し手の関係の基本に立ち返り、成熟した信頼関係に基づいてその組織を作り上げている。私たちが毎日ローンとして貸し出している何百万ドルもの資金は、どんな法的文書で保険をかけられることもないのだ。

一般の銀行の借り手たちはみな貧困線からはるかに上の暮らしをしている。これに対して私たちの借り手は、みな貧困線の下にいる人たちばかりだ。私たちはそんな借り手たちを貧困線の上に引き上げてやりたいのだ。グラミンでは、少なくともわが国の状況では、バングラデシュの農村で貧困線の上に引き上げるというのは、次のような規準を満たすことだと取り決めをしている。

●家族は雨をしのげる屋根のある家を持たねばならない。
●衛生的なトイレ。
●清潔な飲み水。
●週に三〇〇タカ（約九・五ドル）返済できるようにする。
●就学年齢に達した子どもはすべて学校に通う。
●家族全員が毎日三回の食事をしなければならない。
●定期的健康診断を受けなければならない。

私たちはグラミンに、自分の時間も多く割いてきた。グラミンの借り手たちが衛生設備や生活の質という点に関して、他の人々よりも上回るようにするためであった。雨漏りのしない丈夫な屋根にするための特別住宅ローンは四二万五〇〇〇世帯に貸し出され、その他の一五万世帯は、グラミン基金で始めた事業によって得た収入で家を建てている。

グラミンでは経済的な変化を生み出すのみならず、同様に社会的な変化も呼び起こしたいと考えている。二流の市民でしかなかった女性たちに、自分自身と家族の運命を決められるようになってほしいのだ。

開発途上国の銀行の中には、ローン返済についてさまざまな記録がある。ローン返済率約一〇％というのは、政府系のバングラデシュ工業開発銀行だ。

私はかつて、バングラデシュ工業開発銀行の総裁である友人と、次のような会話をしたことがある。

「なぜ、きみのところは〝銀行〟って名乗っているのかな？」

「それはどういう意味だい？」

「過去一二年間、きみの銀行の借り手の返済率が一〇％を超えることがないというのに、なぜ誇り高い銀行家たちが、数百万ドルものローンを、返済するつもりもない金持ちの顧客たちに貸し続けているんだろうって思うのさ」

「経済状況が厳しくなると、多くの新しいベンチャー事業が破綻するからね」彼は説明した。「私たちのような国で新しい産業を始めて、続けていくのは、難しいんだよ」

「それならバングラデシュ工業開発銀行の看板を下ろして、新しく〈金持ちのための慈善事業団体〉の看板を掲げてみたらどうだい？」

彼は笑ったが、私はかまわず彼を困らせ続けた。「決して返済されるはずがないって承知しながら、札束を金持ちに渡す気持ちっていうのは、どんなもんなのかな？」

「そんないいもんじゃないさ」彼は認めた。

私は頭を振った。「銀行家たちは、担保がどれほど重要で、絶対に欠かせないものかということを私に言い続けている。でも、実際、それは銀行の資産を守ることにはなっていないじゃないか。それなのに、なぜ銀行は担保のない貧しい人々を相手にしようとしないのだろうか」と。

私は新聞を開いて、最近発表された、ローンを返済しない裕福な人たちのリストを彼に見せてやった。どれもみな大富豪の家族の名前ばかりだった。彼はうなずいた。

「もし僕が責任者になったとしたら、どうやって工業開発銀行を経営するか、知りたいと思うかい？」

「きみならきっと、専門的な理由から何年間も結論が出ないままになっている問題を解決させるために、もっと給与の高い法律家を雇うことだろうね」と彼は言った。

「全然違うよ」私は言った。「私なら単純にこうするね。まず金をたくさん集めて、ヘリコプターに積んで、国中を飛び回って窓から金を投げるんだ。そして次の日、新聞やラジオで大々的に宣伝するのさ。工業開発銀行は金の雨を降らせてしまった、現金を拾った人がいたら、どうかいついつまでに返しに来てほしい、そのときはいくらかの謝礼を利子につけてくれ、ってね。それからこう付け加えるんだ。『上手に使ってくれたらみなさんに感謝します』」

　彼は大笑いした。しかし、私は大まじめだった。

「賭けてもいいよ。こうやってみんなに配ってから取り戻すっていうやり方でも、返済率は一〇%をはるかに上回るだろうと思うよ。そうすればいろんな経費を節約できるはずだよ。ローンの申請を見積もるコスト、スタッフやエンジニア、ローン管理人、法律家などの人件費も節約できるだろうね。書類を用意する必要もないし、ほとんど何も必要ない。ただヘリコプターと宣伝費用がかかるだけだ」

　このからかい半分の計画で、組織が金持ちと貧しい人をどう見ているかの違いが明らかになった。負債を返す代わりに、バングラデシュの金持ちたちはこう懇願するのだ。「うちの会社が不調です。どうにか立ち直らせたいんです。もっと金を貸してください」彼らは自分たちの権利を守り、利益のために議員に働きかけたりする〈負債者協会〉を組織することさえやっているのだ！

　負債者が友だちであったり、親戚や、政治的支援者、後援者、大資本家だったりするので——上流社会の人々は精神力が足りないのだ——政府も彼らを牢獄に入れることに二の足を踏んでいる。彼らが貧しくて影響力がない人たちであれば、牢屋に入れられているだろうに。

16　農業銀行の実験プロジェクト（一九七七年〜一九七九年）

一九七七年一〇月、私は首都ダッカに出かけた。そしてそこで、ジョブラ村の貧しい人々にクレジットを行なうという私たちの行動に劇的な前進をもたらす偶然の出会いをした。

私は国立銀行のオフィスにいた。そこにはグラミンとは全く関係のない個人的な理由のために行ったのだが、そこで私は古い友人であるバングラデシュ・キリシ（農業）銀行の総裁と鉢合わせしたのである。それこそが私たちのごく小さな実験の運命を変えることになる偶然の出会いであった。人生にはそうやって予期せぬ思いがけない幸運と出会うこともあるのだ。

アニスズーマン総裁は、きわめて話し好きで社交的な人物だ。彼は私の姿を見つけると、いきなり熱弁を振るい始め、私と一緒にいたもう一人の学者に対して長い独演会を始めた。

そのとき一緒にいた仲間というのは、国のために何かをしてきた人ではなく、むしろ象牙の塔にこもっていたいという人物だった。彼の攻撃は猛烈で、私は完全に黙って聞いていたのだが、とても同意できるようなものではなかった。

「きみたち学者は私たちの期待に背いている。きみたちの社会的義務にも背いているんだよ。この国の銀行システムはひどく評判が悪い。不正、横領、腐敗だらけだ。何百万タカもの金が、この銀行から跡形もなく盗まれている。私は実態を知らなければならん。私が総裁なんだからね。誰にいくら貸したか計算している者は誰もおらん。きみたちのように楽しい仕事をして楽しく海外を遊び回ったりしている清らかな手の学者たちとは、確かに違う。きみらはまるっきり役に立たないね。はっきり言うよ、使いものにならないんだ！　私はこの社会に起こっていることにはつくづく嫌になっている。誰もが自分のためだけに生きている。誰も貧しい人たちのことなど考えやしない。だから貧しい人たちはますます貧しくなるだけだ。彼らのためにくだらないことでもしてやろうなんて考える人もいない。うちの農業銀行だって、同じように評判が悪いんだよ。たしかに、この国は不名誉な国だ。こんな悲惨な目に遭うのにふさわしい国なんだよ」

アニスズーマン総裁はそんなことを言い続けていた。彼はとても精力的な人物で、私がどれだけ役に立っていないかを長々と述べ立ててようやく話を終えた。私は言った。

「でも総裁、私はそんな意見を聞けてうれしいですよ。だって、それを聞いているうちに、あなたが面白がるような企画を今思いついたんですからね」

私は彼に、まだ私の大学の周辺だけで行なっている実験について話してみた。そして学生たちには金を払わずに働いてもらっていることも話してみた。「彼らは自分の時間を提供してくれて、私は自分の研究費から経費を支払っているんです。ローンは毎日ちゃんと返済されているし、借り手たちの生活状況は日に日に向上してきています。でも、私は学生たちの事が心配なんです。どんな小さな仕事をしてもらったとしても、本当は彼らは報酬をもらうべきなんです。実験はすべて筋道立てて行なわれるべきだし、組織的な支援が必要なんです」

彼は注意深く私の話を聞いていたが、話が進むにつれて、彼の顔の表情が変わってきて、興奮し、熱中しているのが分かった。

「ジャナタ銀行はきみに何と言ってきたんだい？」

「私にすべてのローンを保証しろっていうんですよ。私はアメリカに四カ月間行って、国連総会に参加するつもりなんです。でも彼らはきっとアメリカまで書類を送ってきて、サインしろっていうでしょうね。あなたにはこれがどんなに非能率的なことか、想像できますか？」

彼は首を激しく振り、「私にできることがあれば言ってくれたまえ」と言った。

私はうれしかった。それまで数年間活動していたが、完全に自分の味方になってくれる銀行家に出会ったことがなかったからだ。私は説明を続けた。

「ジャナタ銀行は反対することはできませんよ。だってローンの不払いは全くないんですからね。でも、あちこちで新しいマイクロ・ローンを進めるためには二カ月から六カ月かかるんです。一つ一つのローンについて、ダッカの本店で認可されないとだめなんです。毎回彼らは質問してくるんですが、その一連の回答をチッタゴンからもう一度本店に戻すのにまた数カ月かかるっていうわけです。効率的に動かせっていっても無理ですよ」

アニスズーマン総裁は私の心配をすべて払いのけた。「きみは、もうそんなことをしなくてもいい。不合理だ。そして、私には何をしてほしいのか、言ってくれたまえ」

「農業銀行にですか？」

「そうだ」

「そうですねえ」私は心の中であれこれ考えを巡らせた。そして微笑んだ。

「ジョブラ村に農業銀行の支店を作って、そこを私が自由に使えるようにしてもらえないでしょうか。私が規則と手続きの仕方を考えます。それから総額一〇〇万タカまでのローンを与える権限をください。それと、私が自分でスタッフを募集する権限をください。一〇〇万タカを限度に、私に一年間貸してください。そして、ふたを閉めて私に全てをまかせてみてください。一年経ったら銀行のふたを開けてみてください。その後することは、コンロで作った料理を取り出し、私がまだ生きているかどうか確かめるだけです。私がしたことの中で一つでもあなたの気に入ったものがあれば、今度はそれをあなたの銀行で、国中でやってみればいいんです。もしだめなら、支店を閉めて、一切のことを忘れてやってください。実験的に私を使ってください。誰も私たちのローンを返済しなければ、あなたは一〇〇万タカを失いますが、それだけです」

私は大学の実験としてやってみたさまざまな努力について考えていた。一度できると証明してやれば、銀行が取って代わってやってくれるだろう。

「やってみよう」アニスズーマン総裁は言った。「それからほかには？」

「そうですね、今言ったものをいただけるのならば、それ以上はもう何も必要ありません。あなたはもう、私を支店長にするつもりでいるんでしょう。それ以上は何もいりませんよ」

「本当かい？」

「ええ、それで私が必要な支援はすべてです。どうやってあなたに金を返していけばいいでしょうか？」

「いや、まずはやってみてからだ。われわれはまず第一に、お役所仕事と闘わなければならない。これはいつでもそんなに簡単なことじゃない。われわれはまだ困難を脱したわけじゃないんだから」アニスズーマン総裁は電話をとって、秘書と話をした。「チッタゴン地方のマネジャーに連絡を取ってほしいんだ」彼は受話器を手で押さえ、私に言った。

「チッタゴンへはいつ帰るのかね？」

「明日の午後です」

「午後の飛行機で？」

「ええ」

アニスズーマン総裁はチッタゴン地方のマネジャーと電話で話をして、こう伝えた。

「私の友人であるユヌス教授が、明日ダッカから飛行機で戻ることになっている。午後五時頃には大学に到着するだろう。きみには彼の住まいに行ってもらって、彼の頼みを聞いてもらいたいんだ。彼が何を言っても、何を求めてきても、それは私からきみへの命令だとおもってくれ。いいかい？」

「かしこまりました」

「何か分からないことはあるかい？」アニスズーマン総裁は電話に向かって言った。

「いいえ、総裁」

「よろしい。私はうまくいかなかったなんていう話は聞きたくない。ユヌス教授が私のオフィスに来て、自分の指示に従わないと不平を聞かされたりするのはごめんだからね。分かったね」

彼の部屋を出てからも、私は彼に追加で頼みたいことがないかどうか考えていた。外の通りを箒《ほうき》で掃いている女性を見かけた。彼女は本当に痩《や》せ細っていて、裸足で、鼻にピアスをつけていた。ダッカの通りでよく見かける大勢の掃除婦のうちの一人に違いなかった。この女性は一日中、しかも一週間ずっと働いているにちがいないが、それでも生活に必要な最低限のお金も稼げないかもしれない。彼女は自分と子どもたちを食べさせるためだけに働いている。彼女はそれでも幸運だと言われる部類だろう。なぜなら彼女には仕事があるのだから。私がクレジット・プログラムを推進するのは、彼女のような女性や、掃除婦のような仕事でさえもいいから職に就きたいと切望する女性たちのためなのだ。

次の日、私は農業銀行のチッタゴン地方のマネジャーと、アニスズーマン総裁が設定してくれた方法で会った。彼は応接室で私を待っていた。彼は、私に銀行での彼の仕事を奪われるのではないかと、明らかに落ち着きを失っていた。

私は彼に、どうやって私がアニスズーマン総裁と出会ったかを話した。すると驚いたことに、彼は、私が学生たちと一緒にジョブラ村でしているような仕事こそ、本当はやりたいと思っていたことだと言った。

「でも、どうすればいいのか、私には何も分かりません。ですから、このことをいかに現実に移すかに関しては、あなたがたの助けに頼らなければならないんです」

マネジャーはそのプロジェクトの概要を文書にする必要があるだろうと言った。私が彼に、それを手伝ってくれないかと頼むと、彼は自分の部下を私の家に連れてきて、私が話す言葉を正式な文章に書き直すことを約束してくれた。

次の月曜日、五人が私の家に姿を見せた。マネジャーは、私に数えきれないほど多くの質問を投げかけてきた。どれも私がこれまで考えたことのないようなことばかりだった。借り手は何人くらいと考えているのか、スタッフは何人くらいいるのか、彼らはどれくらいの額の給料で雇えばいいのか、金庫はいくつくらいあればいいのか、等々であった。私はできる限り答えようとした。

それから彼らはチッタゴンに帰っていった。数週間後、彼らから一通の封筒が届いた。私はその手紙を苦々しい思いで読んだ。ショックを受け、嫌悪感を覚えた。私が言ったことは何も書かれていなかったのだ。その代わりに、その手紙に、ぶ厚い本のように不平がたらたらと、しかもお役所言葉や専門用語をたくさんつかって書きつらねられていた。私にはほんの少し読むのも不可能だった。

そこで私はペンを取り、私自身の言葉で、私が何をしたいのか書き留めていった。直接的で短い要求であり、要点だけを書いた。私が最初に変えたのは、私の支店の名前そのものだった。私はこう書き送った。

キリシ銀行は〝農業〟という意味を持つ〝キリシ〟という名前を使っているけれど、私はこの支店では、農業の事だけやりたいとは思っていません。農民はバングラデシュではもっとも貧しい人たちではないからです。自分の土地を持っている農民たちは、生きるために労働力を切り売りしている貧しい土地無しの人に比べれば、ずっとましな暮らしをしています。私はこの支店では、農村で行なわれているものならどんなものでも扱いたいと考えています。貿易でも、手工業でも、小売業でも、家々を回る行商でもいいと思っています。ここは農村の銀行であってほしいので、単に穀物や農場に関係するだけではだめなんです。だから私は〝グラミン〟という言葉を選ぶことにします。

〈グラミン〉というのは〝村〟を意味する言葉の〝グラム〟という言葉からきたものだ。だから形容詞である〈グラミン〉は、〝田舎の〟とか〝村の〟という意味になる。私の申し出は認められ、私は新しい支店に〝実験的グラミン支店〟と名づけた。

数カ月後、アニスズーマン総裁がダッカのオフィスで会議をするからと私を呼んだ。汽車で六時間かかった。私が到着すると、彼は言った。

「僕はうちの重役たちの前で、きみの企画を評価しなければならないんだ。ところが彼らは言うんだよ。私がしようとしていることは権限を越えているってね。私には、きみのような行員ではない部外者を代理人に任命する権限はないと言うんだ」

アニスズーマン総裁は質問を発する前に、少し口ごもった。

「ユヌス、きみは本当にうちの銀行の新しい支店を開きたいんだったよね？」

「いいえ、私はただ貧しい人たちに金を貸してあげたいだけです」

「教授のままでいたいのかね？」

「そうですね、私は教えることしか知らないですから。教えるのが本当に好きなんです」

「プレッシャーをかけるわけじゃないんだが、私は声に出してしか考えられないんだ」

　彼は天井まで煙草の煙を吹き上げた。

「もしきみが大学の仕事を辞めるなら、単純にうちの銀行で働いてもらうんだが。そうすればきみを簡単に私の代理人にすることができるんだよ。誰にも文句を言わせずに、きみに私のすべての力をゆだねることができるんだ」

「ありがとうございます。でも、私は銀行家になることには本当に興味はないんですよ。それより、教授のままでいたいんです。私には受け持っている学部があるし、監督しなければならない学生たちや教員たちが大勢います。取り組んでいかなければならない大学内の問題もあります。貧困を緩和する仕事は、その片手間にしていきます。他の任務の合間を見てやっていきますよ」

「ただそう思っただけだ。気にしないでくれたまえ」。アニスズーマン総裁はそう言って、オフィスから窓の外を眺めていた。彼の煙草の煙が、窓のところで渦巻いて見えた。

彼は心の中でいろんなアイディアを弄んでいるように思えた。

「書類上は、きみを支店長にすることはできないな。だから、こうしよう。公式には地方マネジャーが支店を監督することになっている。だから地方マネジャーに、きみが要求することは何であれすべて実行するように命令するとしよう」

「アニスズーマン総裁、あなたにおまかせします。あなたならどうすれば一番いいかご存じのはずです」

「地方マネジャーには、きみに言われたことをやってくれと言っておく。きみはやりたいように彼に指示してくれればいい。何か変わったことがあれば、彼は本社の私に報告してくるはずだ。そうすれば、私が許可を出そう」

「それは素晴らしい。でも重役たちは承諾するでしょうか」

「それは私がなんとかしよう。それより、きみは今もジョブラ村できみのために仕事をしている学生たちのリストを提出してくれないか。彼らの一人を支店長にして、他の人たちも銀行で正式に雇うことにしよう」

「ありがとうございます。上出来です」

「ああ。これなら誰も文句は言わないだろう」

私は微笑んだ。私の仲間であるアサッド、ヌルジャハン、ジャナッタも、とうとう生まれて初めていい給料をもらえることになったからだ。

「その支店を〈グラミン支店〉と呼びたいんです」

アニスズーマン総裁はうなずいた。「分かった。〈農業銀行実験的グラミン支店〉。それでどうだい？」

「最高です」

私たちは互いに微笑みあった。彼は立ち上がった。私たちは二人で並んで窓の側に立った。窓の外の街では絶えることなく人の流れが続いていた。二人とも見慣れた風景を見ていた。腕に赤ん坊を抱いた裸足の物乞いたち。歩道で眠り込んでいる子どもたち。手足が恐ろしく奇形した子ども。ひどい病気の人たち。どの姿を見ても、ショックを受けることはなかった。ここで暮らしていくためには、周りで苦しんでいる人々の姿はあえて見ないようにしなければならなかったからだ。

「都会に住む貧しい人々は、また別の問題だ……」彼はため息をついて言った。

「もし私たちが地方に住む人たちの苦しみを和らげることができれば、貧しい人々が都市に流入するのを減らすことになり、彼らが街で邪魔者扱いされることもなくなるでしょう」と私は言った。

彼もゆっくりうなずいた。

「頑張れよ、教授」

人生というのは、なんと予期せぬまま、ほとんど偶然に近いような形で前進していくものなのだろうか。都合のいい時間に、ふさわしい人のところに偶然ちょっと立ち寄ったことで、すべてがカチッと型にはまりこんだようにうまくいくこともある。ほんの数ヵ月前には、貧しい人たちに対する計画を実行する可能性など私には全くなかったというのに、偶然にもまさにぴったりの人物に出会ったことで、大学での小さな調査が実験的な銀行へと、その運命を変えてしまったのだ。そして、その調査は、国にも注目されるようになっていくのだった。

17 聖なるイードの日（一九七七年）

一九七七年、私たちの農村の銀行の実験が始まった最初の年、私は年に一度は家族と一緒にすごすという伝統に従って、チッタゴンの実家を訪れていた。

私は毎年聖なるお祭りの時、特に〈イード・アル・フィトル〉の期間には、実家に帰ると約束していた。私の母と父はとても宗教に熱心だった。彼らは子どもたちに伝統を敬うことを繰り返し教え込んできた。だから、そうした宗教的なお祭りに私たちが参加するのも、彼らに負うところが大きい。

〈イード・アル・フィトル〉は、一カ月の断食をする〈ラマダーン〉が終わるのを祝う。会社は〈イード〉が始まる前日から〈イード〉の終わった翌日まで休みになる。そして、私たちは楽しい祭りを行なうのだ。

三日間は正式な祝日だが、ほとんどのバングラデシュ人家庭と同様、私たちも一週間の休みをとってお祝いをしている。この祭りは、しばらく会っていない親戚たちと一堂に顔を合わせて、絆を深めたり、昔話に花を咲かせたりするにはいい機会である。

私たちは〝ニリビリ〟と呼んでいる、父が一九五九年に建てた家に集まった。その家はチッタゴンのパシャの領地内の居住地区にある。〝ニリビリ〟という名前は〝平和と平穏〟を意味している。それはこの辺りで最初に建てられた家で、私たちには多くの思い出がある。だから個人的には、〝ニリビリ〟自体も家族の一員になっていると言ってもいいくらいだ。

父は何ごとも自分の好きなやり方でやる人間だった。彼は何でも昔ながらの方法でするのが好きだった。あるとき父は、数日間、彼のイメージに合う家を探し求めながら街を歩き回っていた。彼はモダンで大きな二階建ての石造りの家がとても気に入って、そこを作った職人の棟梁を呼んでその家の絵を描かせたのだった。それから彼らは技師を呼び、絵に描いたものを現実の姿に変えて建てさせた。

その結果が、巨大な大西洋横断汽船のような家だった。壁に囲まれた庭の中にそびえ立つその家は、青々と生い茂ったマンゴー、ビートルナッツ、バナナ、チーク、グアバ、ココナッツ、グレナディンなどの木に囲まれていた。〝ニリビリ〟の自慢は巨大なベランダと、広い空きスペースだった。その家には欠陥がたくさんあった。部屋は大きすぎるし、廊下には無駄が多すぎた。実用的なところが少なく、何カ所も直さなければならなかったのだが、私たちはそこが大好きだった。今では〝ニリビリ〟は四つの部屋に分けられ、私の兄弟たちが住んでいる。一階に住む私の父は、息子のうちの半分に囲まれて暮らしている。父はそれをとても気に入っている。その家は家族の力と団結の源になっているのだ。〈イード〉の日には、私の男兄弟のサラム、イブラヒム、アユブ、アザム、ジャハンジール、モイヌが全員そろう。彼らの妻も、同じく私の姉妹のモンタツとツヌーも、彼らの子どもたちもすべて集まってくる。そして、私たちはバッア村を訪れる。父の生まれ故郷であるその村で、私は生まれた。家族は第二次大戦の間、ほとんどそこですごした。父はそこにまだ土地を所有しているのだ。

父はラマダーンの間はずっと、コーランの求めに従って御布施《ジャカト》を払ってすごす。イスラム法《シャリーア》の定めに従って、父は最初は援助を求める親族に寄付をしていたが、そのうちに相手は近所の貧しい人々になり、最後にはもっと大勢の貧しい人々に寄付をするようになった。〈イード〉の日の家族の作法は、習慣によって決められていた。みな早く起きて顔を洗った。

朝七時、私たちは〈イードガー〉（イードの祈りをする大勢の人たちのために準備された広場）に向かう。女性たちは家の中に残るが、七人の男兄弟は全員父の後ろについて一緒に歩いていく。兄弟が再び一緒にいられる、わくわくするような時間である。父は家族の誰よりも敬虔で、私たちはこの日が彼にとってどんなに意味のあるものか分かっている。

しかも、それは大切な家族の儀式でもあるので、参加しないということはなかった。

イードガーに行き、私たちはそこで祈る。私たちは〈ナマズ〉を唱える。イマームは説教《クツバー》をする。数千人もの人々が、イマームが言うのに合わせてそれぞれ祈りの言葉を唱える。そこは広々としたサッカー場で、日差しを遮るものは何もない。祈りの後、私たちは「イード・ムバラク（イードおめでとう）」とお祝いの言葉を述べながら、互いに抱き合うのだ。兄弟たちは尊敬と挨拶の印として、並んで順番に父の足に触れていくのだった。

誰もがイードのための新しい服を着る。子どもたちは全身、できるだけ着飾る。香水の香りと伝統の香りがあたりに漂っている。そして、ゆっくりと、私たちはイードガーを後にするのだ。

それから私たちは愛する家族が眠る墓に行き、そこで祈りを捧げる。亡くなった人たちの魂が安らかに眠れるようにと祈るのだ。父が最初に祈りの言葉を唱え、私たちもアラビア語でそれに続く。

午前八時頃に家に帰って来ると、母やそのほかの年長者にも尊敬の印を捧げる。私たちも義務として御布施の〈フィタラ〉を出す。一・二五キロの小麦に相当する額を貧しい人々に施すのだ。

この後、親戚めぐりが始まる。一ヵ月にわたる断食の後なので、それはとても楽しい行為である。ずっと食べ続けることになっているのだ。そのときよく食べるのは〈スィートミート〉で、特にこの期間には〈セマイ〉が一般的である。〈セマイ〉とは甘い麵の料理で、いろいろな料理の仕方がある。

毎年〈イード・アル・フィトル〉のときには、母はコーランを大きな声で朗読してくれた。そうすることで母は力と安心感を手に入れるのだった。もともと敬虔な信者だった彼女の病気はますます悪くなっていて、引きこもりがちだったので、彼女はそういった聖なる言葉を繰り返す行為に熱中していた。

父は彼女の病気を医学の力で治療するのは諦めていた。ありとあらゆる怪しげな治療法を試し、奇跡的な回復を願って財産をかなり使ったが、すべて無駄だった。父はあらゆる人に助けを求めた。精神科医、祈禱師、神経科医、外科医、生物学者、カイロプラクティックや昔からの民間療法を行なう人。しかし、誰も助けることはできなかった。

私たちは母を愛し、彼女を家族の愛で包もうとした。とはいえ、モンタツ、サラム、私の三人は（子どもたちの中でも年上の三人だ）母が元気で若々しかった頃を憶えており、彼女が家族みんなに、力を与えてくれた、素晴らしい家族の誇りであった日々の姿をよく知っていた。だから、すっかり変わってしまった母に会うと、胸が張り裂けそうな悲しい気持ちになってしまい、現実を受け入れるのはとても難しかった。それを受け入れるために、父はどれほど苦しんだのだろうか。

父は母のことを悪く言ったことなど一度もなかったし、そのことで自分の不運を恨んだようなこともなかった。父は強く、誠意があり、愛に満ちていた。私たちは精神的に多くのことを彼の行動から学んできた。

〈イード〉の儀式の中に、一番年上のきょうだいのところを訪ねるというのがある。私たちの場合、それは姉のモンタツだった。私たちはいつでも彼女の家を訪問することを楽しみにしていた。彼女は素晴らしいお菓子を用意していてくれるのだ。

モンタツは私よりも一二歳年上である。彼女は卵形の顔をしていて、温かい瞳の持ち主だった。彼女は一七歳の時に結婚して家を離れたが、兄弟たちを守り、監督することがいつでも彼女の仕事のようになっていた。彼女は私たちの母代わりだった。

一九七七年の〈イード・アル・フィトル〉の時、私たちの周りでは、兄弟や子どもたちが互いを呼びあったり、子どもたちが笑ったり、食べたり、遊んだり、叫んだり、走り回ったりしていた。モンタツは私の手を取り、自分の手で包んでくれた。何と素晴らしい人なのだろうか。彼女がどれほど私や、家族みんなの世話をし、愛を注いでくれたことか。

彼女の瞳を見つめたとき、私は一九五〇年のある日の出来事を思い出した。その日、私は弟のアユブが生まれたことを伝えるため、彼女の家までバスとリキシャを乗り継いで行った。一〇歳のときだった。彼女は笑って私を抱きしめ、このいい知らせを伝えるために近所の人を呼んだ。

その夜、私たちは長いことお祝いの宴をした。翌日、モンタッツは荷物を用意し、母と生まれたばかりのアユブの世話をするために、実家に戻ってきたのだった。

それから、私は一九四七年のある日の出来事も思い出した。弟のイブラヒムと私がモンタッツの家に泊まりに行ったことだ。私はイブラヒムを彼女の家に残して映画を観にいった。戻って来ると、彼は瞼を腫らし、涙をボロボロ流していて、自分を置き去りにしたと泣き叫んでいた。彼をなだめる方法はなかった。彼はまだちょうど三歳で、私は仕方なく、彼を馬車に乗せて家に連れ帰ったのだった。

モンタッツの家で、私たちは大好きな砂糖菓子を食べた。〈カンチャゴーラ〉といって、ナトーレ地方で作られるミルクで作ったお菓子の一種だ。私はポスト・チャツネのケシの花からとれる実を食べるのも好きだった（ポストは消化がよく、この上ない繊細《せんさい》な味だ）。もちろん、マンゴーの果肉を〈キール〉という脂っこくて濃い練乳のようなライス・プディングと混ぜたものもあった。

一九七七年三月七日にモニカが生まれた時以来、私が家族に隠すようになったのは、妻のヴェラが何でもアメリカのおもちゃ、よだれかけ、おむつが欲しいと主張したことだった。モニカが生まれてすぐ、ヴェラはバングラデシュではモニカを育てられないと言って、この国を離れることを決意した。バングラデシュは危険が多く、不衛生で蚊が多く、病気も多すぎて、子どもを育てるのに十分に整った場所ではない、というのがその理由だった。私には解決方法が見当たらなかった。ヴェラと私は互いに愛し合ってはいたが、結婚前に予想していた問題は、やはり大きすぎたのである。

彼女がモニカを連れてアメリカへ去ってから数カ月間、私はベビーベッド、おもちゃ、服などを、彼女が残したままの状態でそのまま置いておいた。彼女たちがまた戻って来てくれることを願っていたのだ。世界中でもっとも悲しい光景だった。しかし私には、それを捨て去ってしまうことなど耐えられなかった。

結局、私はアメリカの彼女たちの元に行った。

農業銀行での企画は、まだ最終的に認められていなかったので、グラミン・プロジェクトへのローンの依頼はジャナタ銀行を通さなければならなかった。ローンの依頼についての文書がいちいち私の元に届けられ、私は個人的にすべてのものに保証をするサインをしなければならなかった。不合理で、時間の浪費だった。

ニュージャージーでヴェラは私に、アメリカに来て一緒に住んでほしいと迫った。

「しかし、祖国には私が必要なんだ」

「私だってあなたが必要なのよ」

私は彼女の求めに返す言葉がなかった。私にはバングラデシュを見捨てることはできない。

私たちは一〇年近く続いた結婚生活に終止符を打った。一九七七年一二月、私たちは離婚した。

振り返ると、姉のモンタツの意見が正しかったのかもしれないと思う――彼女はアメリカの女とは結婚するなと私に言っていたのだ。しかし、私は後悔していない。私はヴェラを尊敬しているし、彼女とともにすごした時間も大切にしている。

ただ、悲しいことに私は自分の子どもであるモニカも失ってしまったのだ。

（下巻につづく）

本書は、一九九八年九月に早川書房より単行本として刊行された作品を文庫化したものです。

貧困の終焉
――2025年までに世界を変える

The End of Poverty

ジェフリー・サックス
鈴木主税・野中邦子訳
ハヤカワ文庫NF

開発経済学の第一人者による決定版！

「貧困の罠」から人々を救い出すことができれば、一〇億人以上を苦しめる飢餓は根絶でき、貧困問題は解決する。先進各国のGNPの一％に満たない金額があれば二〇二五年までにそれが可能となるのだ。世界で最も重要な経済学者による希望の書。

解説／平野克己

ハーバード白熱教室講義録＋東大特別授業（上下）

マイケル・サンデル

NHK「ハーバード白熱教室」制作チーム、小林正弥、杉田晶子訳

NHKで放送された人気講義を完全収録！

正しい殺人はあるのか？ 米国大統領は日本への原爆投下を謝罪すべきか？ 日常に潜む哲学の問いを鮮やかに探り出し論じる名門大学屈指の人気講義を書籍化。NHKで放送された「ハーバード白熱教室」全12回、及び東京大学での来日特別授業を上下巻に収録。

人・体験

火星の人類学者
——脳神経科医と7人の奇妙な患者
オリヴァー・サックス／吉田利子訳

驚異の創造力は脳障害がもたらした——逆境の人生を歩む患者たちとの心温まる交流記録

五人のカルテ
マイクル・クライトン／林　克己訳

巨大病院の救急治療室で展開されるドラマを医学生だった著者が自らの体験をもとに描く

オルカ
——海の王シャチと風の物語
水口博也

シャチの群れを追ってアラスカ沿岸を旅し、その知られざる生態に迫る、著者の代表作。

古書店めぐりは夫婦で
L&N・ゴールドストーン／浅倉久志訳

ボストン、NY、シカゴ……古書収集に魅せられた夫婦が繰り広げる、心躍る宝探しの旅

マリー・アントワネット上下
アントニア・フレイザー／野中邦子訳

女性としての王妃アントワネットに新たな光をあてる。ソフィア・コッポラ監督映画化。

社会・文化

ヒトはなぜヒトを食べたか
――生態人類学から見た文化の起源
マーヴィン・ハリス／鈴木洋一訳
中米の凄惨な食人儀礼などの意義を生態学の立場から明快に解く、知的刺激横溢する名著

子供たちは森に消えた
ロバート・カレン／広瀬順弘訳
五十数人の少女たちを陵辱し、殺害した多重人格者の実像を暴く心理ノンフィクション。

世界野球革命
ロバート・ホワイティング／松井みどり訳
WBCの日本優勝、松坂、井川の大リーグ移籍など、世界を席巻する日本野球の最前線。

FBI心理分析官
――異常殺人者たちの素顔に迫る衝撃の手記
R・K・レスラー&T・シャットマン／相原真理子訳
『羊たちの沈黙』のモデルとなった捜査官が綴る、全世界を震撼させたノンフィクション

診断名サイコパス
――身近にひそむ異常人格者たち
ロバート・D・ヘア／小林宏明訳
幼児虐待者、カルト教祖、連続殺人犯などに多いサイコパスは、あなたのそばにもいる！

自然・科学

ホーキング、宇宙を語る
——ビッグバンからブラックホールまで
スティーヴン・W・ホーキング／林　一訳

アインシュタインの再来と称される車椅子の天才科学者が、宇宙の起源をめぐる謎に挑む

シュレディンガーの猫は元気か
——サイエンス・コラム175
橋元淳一郎

天文学から分子生物学まで、現代科学の驚くべき話題を面白く紹介し頭のコリをほぐす本

0と1から意識は生まれるか
——意識・時間・実在をめぐるハッシー式思考実験
橋元淳一郎

物理のカリスマが難問に挑む、究極の知的冒険（『われ思うゆえに思考実験あり』）改題

つかぬことをうかがいますが…
——科学者も思わず苦笑した102の質問
ニュー・サイエンティスト編集部編／金子浩訳

くしゃみすると目をつぶっちゃうのはなぜ？専門家泣かせのユーモラスなQ&Aを満載。

やさしい免疫の話
村山知博

花粉症からがんワクチン療法まで、ミクロの世界で体を守る免疫についての耳寄りな40話

訳者略歴　日本女子大学卒，ジャーナリスト・東京都市大学客員准教授　訳書にヴァーディ編『マザー・テレサ語る』，ユヌス『貧困のない世界を創る』（以上早川書房刊）　著書に『死を招いた保育』『「子育て」という政治』など，子ども・女性に関する著書多数

HM=Hayakawa Mystery
SF=Science Fiction
JA=Japanese Author
NV=Novel
NF=Nonfiction
FT=Fantasy

ムハマド・ユヌス自伝《じでん》
〔上〕

〈NF444〉

二〇一五年九月十日　印刷
二〇一五年九月十五日　発行

著者　ムハマド・ユヌス　アラン・ジョリ
訳者　猪熊弘子《いのくまひろこ》
発行者　早川浩
発行所　株式会社　早川書房

郵便番号　一〇一 - 〇〇四六
東京都千代田区神田多町二ノ二
電話　〇三 - 三二五二 - 三一一一（大代表）
振替　〇〇一六〇 - 三 - 四七七九九
http://www.hayakawa-online.co.jp

（定価はカバーに表示してあります）

乱丁・落丁本は小社制作部宛お送り下さい。
送料小社負担にてお取りかえいたします。

印刷・中央精版印刷株式会社　製本・株式会社川島製本所
Printed and bound in Japan
ISBN978-4-15-050444-1 C0136

本書は活字が大きく読みやすい〈トールサイズ〉です。